Camino a la libertad: el viaje de un legado

Tiago Rodrigues

Índice

1. Introducción: El poder de la libertad financiera
2. Capítulo 1: Fundamentos de la Educación Financiera
3. Capítulo 2: La mentalidad financiera adecuada
4. Capítulo 3: Administrar el dinero de manera eficiente
5. Capítulo 4: El juego de la inversión
6. Capítulo 5: Generar riqueza a través de activos
7. Capítulo 6: El arte de la gestión de riesgos
8. Capítulo 7: Presión familiar y dilemas financieros
9. Capítulo 8: Conflicto con el pasado
10. Capítulo 9: Introducción a las inversiones
11. Capítulo 10: Pequeños pasos, grandes logros
12. Capítulo 11: El desafío entre carrera y libertad
13. Capítulo 12: Amistades puestas a prueba
14. Capítulo 13: Preparando el futuro y el legado

15. Capítulo 14: La importancia de legar conocimientos
16. Capítulo 15: El aumento de la responsabilidad
17. Capítulo 16: Presión y expansión global
18. Capítulo 17: Pasar el testimonio
19. Capítulo 18: Un nuevo papel como mentor
20. Capítulo 19: Crisis de Salud y Reflexión
21. Capítulo 20: Redescubrir las pasiones
22. Capítulo 21: La Cumbre Mundial sobre Educación Financiera
23. Capítulo 22: Legado familiar e impacto generacional
24. Capítulo 23: El reencuentro con Tiago
25. Capítulo 24: Un nuevo capítulo de la vida
26. Capítulo 25: La última fase del liderazgo
27. Capítulo 26: Preparándose para la transición
28. Capítulo 27: El Crecimiento de la Fundación
29. Capítulo 28: El papel de la próxima generación
30. Capítulo 29: El consejo de un padre
31. Capítulo 30: Ampliar la visión
32. Capítulo 31: Reflexiones sobre el pasado
33. Capítulo 32: Desafíos de salud y recuperación
34. Capítulo 33: El futuro de la familia

35. Capítulo 34: Un legado de amor
36. Capítulo 35: Impacto global y reflexión personal
37. Capítulo 36: Preparando el futuro
38. Capítulo 37: Mentoría y orientación
39. Capítulo 38: Crisis y superación de los desafíos de salud
40. Capítulo 39: Un ritmo de vida más lento
41. Capítulo 40: Un nuevo ritmo de vida
42. Capítulo 41: Reunión con la familia
43. Capítulo 42: El poder de la música y la creatividad
44. Capítulo 43: El impacto global de la Fundación
45. Capítulo 44: Construyendo un legado generacional
46. Capítulo 45: La Cumbre Mundial de Educación Financiera
47. Capítulo 46: El ciclo completo de la vida
48. Capítulo 47: El último capítulo de la vida
49. Capítulo 48: El legado de generaciones
50. Capítulo 49: El fin del viaje
51. Epílogo: El verdadero legado

Capítulo 1: Las raíces de la insatisfacción

Ricardo se sintió atrapado. A sus 37 años, casado y padre de dos hijos, llevaba una vida aparentemente estable en una ciudad de clase media. Trabajó como gerente en una empresa de tecnología, carrera que le proporcionó ingresos suficientes para pagar las cuentas, ahorrar un poco para emergencias y tomarse unas modestas vacaciones familiares cada año. Pero a pesar de eso, sentí que faltaba algo. El cansancio de una vida rutinaria, la presión financiera constante y la sensación de que nunca tendría realmente la libertad de seguir sus sueños comenzaron a pesar en su alma.

Desde pequeño, Ricardo había aprendido que la estabilidad era la mayor de las virtudes. Creció en una familia donde sus padres luchaban para llegar a fin de mes y su infancia estuvo marcada por dificultades económicas. Nunca le faltó lo imprescindible, pero sus padres hicieron constantes sacrificios para que él y su hermano menor tuvieran una educación digna. Esto moldeó su visión del mundo y del dinero: creía que si trabajaba duro y mantenía un trabajo seguro, estaría haciendo todo bien.

Sin embargo, con el paso de los años empezó a darse cuenta de que la seguridad que había buscado lo estaba asfixiando.

Cada mañana me despertaba con la sensación de que el tiempo se acababa, no sólo en términos de mi carrera, sino también de mi vida. No tenía tiempo para sus hijos, para las pasiones que había abandonado y, sobre todo, para sí mismo. Las semanas pasaban, una tras otra, y cada vez más se sentía como un simple peón en un sistema que no le permitía soñar.

Un viernes por la noche, después de una larga semana de trabajo, Ricardo se sentó en el sofá con su esposa, Mariana. Podía ver el desgaste en su rostro, algo que se hacía más visible cada mes que pasaba. Mariana, mujer de 35 años, maestra y siempre base de apoyo emocional de la familia, sabía que algo más profundo estaba afectando a su esposo.

—Ricardo, ¿qué pasa? — preguntó con un tono de voz suave pero firme. —Has sido diferente. Casi diría que tienes algo que te agobia.

Ricardo vaciló. Sabía que era verdad, pero no encontraba las palabras adecuadas para describir la presión constante que sentía.

— No lo sé... — comenzó, con un profundo suspiro. — Creo que estoy cansada, Mariana. No es sólo el trabajo, son las facturas, los niños, las responsabilidades... Siento como si la vida se me escapara de las manos y no sé ni adónde voy. No siento que tengo control.

Ella asintió en silencio, entendiendo más de lo que él creía. Mariana también sintió los efectos de la vida que llevaban, pero había tratado de mantener la calma y ser el pilar de la familia. Aun así, sabía que Ricardo estaba llegando a su límite.

"Tal vez es hora de hacer algunos cambios", sugirió vacilante. — No podemos seguir viviendo así para siempre, esperando que las cosas mejoren por sí solas.

Capítulo 2: El momento decisivo

Esa noche, después de una conversación franca, Ricardo decidió que necesitaba un cambio real. No podía seguir viviendo sólo para pagar las cuentas y sobrevivir. El miedo a correr riesgos lo había mantenido atrapado en una vida cómoda pero limitada. El mundo que lo rodeaba parecía moverse rápidamente y él se estaba quedando atrás.

En los días siguientes comenzó a investigar más sobre finanzas personales, administración del dinero e independencia financiera. Al contrario de lo que imaginaba, no eran sólo los ricos quienes tenían acceso a estas herramientas; eran conceptos accesibles para cualquiera que estuviera dispuesto a aprender y aplicar las estrategias adecuadas.

Ricardo comenzó a explorar libros sobre educación financiera, escuchar podcasts y leer artículos de expertos que predicaban la importancia de invertir temprano, diversificar las fuentes de ingresos y, sobre todo, cambiar la mentalidad respecto al dinero. Para él, todo esto era nuevo y a veces confuso, pero también emocionante. Por primera vez en años, sentí una chispa de esperanza.

El primer libro que leyó trataba sobre la importancia de tener una mentalidad de crecimiento.

Aprendió que para cambiar su vida financiera, necesitaría cambiar su forma de pensar sobre el dinero. No se trataba sólo de ganar más, sino de gestionar mejor lo que ya tenía y utilizarlo como base para crecer.

Decidió aplicar las primeras lecciones de inmediato. Comenzó a realizar un seguimiento de todos los gastos que hacía su familia, desde el dinero gastado en comidas hasta pequeñas compras que parecían insignificantes. Cuando reunió toda la información, se sorprendió de cuánto gastaban en cosas innecesarias.

— Mariana, no lo vas a creer — dijo sosteniendo la hoja de cálculo que había creado para monitorear las finanzas familiares. — Estamos gastando más de 200 euros al mes en cafés, meriendas y cenas rápidas. ¡Son casi 2.500 euros al año! Sólo en cosas de las que ni siquiera nos damos cuenta.

Ella lo miró, también sorprendida. Aunque sabían que las pequeñas compras sumaban, nunca se dieron cuenta del verdadero tamaño del impacto en su presupuesto.

"Tal vez deberíamos empezar a recortar esos gastos", sugirió, pensando en las innumerables otras áreas en las que podrían reducir costos sin comprometer su estilo de vida.

Y eso es exactamente lo que empezaron a hacer. Redujeron las comidas fuera de casa, cocinaron más en casa y comenzaron a utilizar un sistema de sobres para realizar un seguimiento de cuánto gastaban en cada categoría de gastos. Ricardo comenzó a sentir que el control regresaba a sus manos. A final de mes consiguieron ahorrar más de 500 euros, una cantidad que antes parecía inalcanzable.

Capítulo 3: Primeras lecciones

A medida que Ricardo profundizaba en el mundo de la educación financiera, algo dentro de él empezó a cambiar. Ya no veía el dinero como una carga, sino como una herramienta. Se dio cuenta de que, como cualquier otra habilidad en la vida, aprender a administrar el dinero era cuestión de práctica y disciplina. Y, sobre todo, implicó un cambio de mentalidad. Aquí fue donde comenzó el verdadero desafío.

Sin embargo, los primeros meses de cambio no fueron fáciles. La implementación de un nuevo sistema de control de las finanzas familiares sacó a la luz viejos hábitos que él y Mariana habían cultivado durante años. Y aunque sus intenciones eran buenas, Ricardo rápidamente encontró resistencias internas y externas a los cambios que intentaba implementar.

Mariana, por ejemplo, comprendió la necesidad de ahorrar, pero se sintió asfixiada por la rigidez del nuevo presupuesto. Antes, una visita al restaurante o una compra ocasional de ropa no eran grandes motivos de preocupación. Ahora, con cada gasto controlado al centavo, comenzó a sentir que una ligera ansiedad iba en aumento.

— Ricardo, siento que estamos siendo demasiado estrictos — comentó una noche, mientras analizaban los gastos del mes.

— Estoy de acuerdo en que hay que ahorrar, pero también hay que vivir. No podemos simplemente cortarlo todo.

Ricardo sabía que ella tenía razón, pero la nueva misión de lograr la libertad financiera lo consumía. Cada euro ahorrado fue como una victoria. Sin embargo, comprendió que el equilibrio era crucial. No quería que el plan de ahorro e inversión dañara la relación con Mariana ni el bienestar de la familia.

— Tienes razón — admitió Ricardo, con una sonrisa algo resignada. — Quizás exageré. Podemos ajustar las cosas y darnos un poco más de libertad. Lo último que quiero es que esto nos cause estrés.

Teniendo esto en cuenta, decidieron juntos crear un presupuesto más equilibrado, donde una pequeña parte se destinaría al ocio y la diversión. Al fin y al cabo, una vida financiera sana también requería espacio para vivir y disfrutar los momentos. Ricardo empezó a comprender que la verdadera independencia financiera no se trataba sólo de números, sino de equilibrio, propósito y, sobre todo, felicidad.

Capítulo 4: Reevaluación de la vida y las prioridades

Pasaron los meses y, poco a poco, las finanzas de la familia Mendes comenzaron a estabilizarse. Con menos deuda y un fondo de ahorro cada vez mayor, Ricardo sintió una nueva sensación de control sobre el futuro. Era como si le hubieran quitado un peso de encima. Pero junto con este alivio vino también una profunda reevaluación de sus prioridades.

Un día, mientras observaba a sus hijos jugar en el jardín, algo se removió en su interior. Su hijo mayor, Afonso, tenía ahora nueve años y su hija menor, Beatriz, sólo seis. Ricardo se dio cuenta de que, a pesar de todo el esfuerzo que había puesto en su carrera y sus finanzas, había un área de su vida que había sido descuidada: el tiempo con sus hijos. Sentía que el trabajo lo había alejado de sus responsabilidades como padre y ese pensamiento le molestaba.

Comenzó a preguntarse sobre el verdadero propósito de su esfuerzo. ¿Estaría trabajando tan duro sólo para garantizar la seguridad futura, pero perdiéndome el presente? ¿Estaría construyendo libertad financiera para su familia y al mismo tiempo sacrificaría momentos preciosos que nunca volverían?

La introspección lo llevó a reevaluar lo que era realmente importante. Decidió que había que priorizar su tiempo con su familia, de la misma manera que él estaba priorizando la gestión financiera. Después de todo, ¿qué sentido tenía alcanzar la libertad financiera si eso significaba perder la alegría de estar ahí para tus hijos mientras crecían?

Esa semana decidió hacer algo que había estado postergando durante mucho tiempo. Se tomó unos días libres en el trabajo, algo que siempre se mostró reacio a hacer porque sentía que podría perjudicar su carrera. Sin embargo, por primera vez se dio cuenta de que el trabajo no debería ser el centro de su vida.

Pasó el fin de semana con Alfonso y Beatriz, enseñándoles a andar en bicicleta y jugando al fútbol en el parque. Sintió una felicidad pura y simple que no había experimentado en mucho tiempo. Mariana observó todo con una suave sonrisa, sabiendo que este cambio de actitud era más que una simple fase: era una auténtica transformación en su marido.

Al final de ese fin de semana, Ricardo se hizo una promesa: no permitiría que su éxito financiero comprometiera los momentos más importantes de la vida. Encontrar un equilibrio entre el trabajo, las finanzas y el tiempo con la familia sería el nuevo objetivo.

Capítulo 5: Incertidumbre y desafíos emocionales

A pesar de las nuevas resoluciones, la transición no estuvo exenta de desafíos. Conciliar el trabajo, la familia y la búsqueda de la libertad financiera resultó ser más difícil de lo que Ricardo imaginaba. Sentí una lucha interna constante, entre el deseo de trabajar más duro para asegurar el futuro y el deseo de estar presente en el presente.

El trabajo, a su vez, no lo hizo más fácil. Como directivo de una empresa en crecimiento, su función requería largas horas, dedicación y sacrificios. Había noches en las que llegaba tarde a casa, agotado, y veía a Mariana ya dormida y a los niños en la cama. Estos momentos fueron un recordatorio de que, por mucho que lo intentara, la vida tenía un ritmo propio que no siempre podía controlar.

También empezó a sentir una presión cada vez mayor en el trabajo. La empresa estaba atravesando cambios y los rumores de una reestructuración inminente aumentaron la ansiedad entre los compañeros. Ricardo sabía que, a pesar de todos sus esfuerzos por ahorrar e invertir, todavía dependía en gran medida de su salario para mantener su estabilidad financiera.

La mera idea de perder el trabajo hizo que el miedo volviera a surgir.

En ese momento comenzó a sufrir insomnio ocasional. Pasaba horas mirando el techo de su habitación, su mente dando vueltas entre escenarios hipotéticos de pérdida, incertidumbre y el futuro de su familia. Aunque estaba progresando económicamente, sentía que su estabilidad emocional estaba siendo puesta a prueba.

Fue entonces cuando Ricardo decidió buscar ayuda. Sabía que no podía seguir ignorando las señales de agotamiento emocional. Encontró un terapeuta especializado en temas relacionados con el estrés y el trabajo, y empezó a tener citas semanales. Estas sesiones se convirtieron en un espacio seguro para explorar sus miedos y ansiedades, algo que nunca antes se había permitido hacer.

Durante una de estas sesiones, Ricardo tuvo una revelación importante.

— Ricardo, dijiste que tienes miedo de fracasar, que sientes que nunca eres suficiente — comentó el terapeuta observándolo con atención. — ¿Pero qué es "suficiente" para usted? ¿Cuándo sentirás que obtuviste lo que querías?

Ricardo guardó silencio. Realmente nunca había pensado en eso. Siempre creyó que si podía conseguir más dinero, más seguridad, más éxito, estaría satisfecho. Pero, en ese momento, se dio cuenta de que la búsqueda constante de "más" era lo que lo consumía.

— Supongo… realmente nunca pensé en eso — respondió, pensativo. — He estado tan concentrado en el futuro, en la seguridad, que se me olvidó definir qué sería suficiente para mí y mi familia.

Esta comprensión cambió la forma en que Ricardo abordó su viaje financiero. Entendió que la búsqueda de la libertad financiera no se trataba sólo de acumular más dinero, sino de encontrar el equilibrio adecuado: entre trabajo y familia, entre seguridad y alegría en el presente. A partir de ese momento empezó a fijarse objetivos más claros y tangibles para lo que consideraba "suficiente". Algo que le permitiría tener tranquilidad.

Capítulo 6: La Primera Reestructuración Financiera

Con esta nueva perspectiva, Ricardo decidió revisar todo su plan financiero. Había estado tan obsesionado con recortar gastos y maximizar los ahorros que, hasta cierto punto, había terminado descuidando el equilibrio entre vivir el presente y prepararme para el futuro. Ahora era el momento de implementar un nuevo enfoque.

Empezó redefiniendo sus objetivos. En lugar de centrarse exclusivamente en acumular la mayor cantidad de ahorros e inversiones posibles, decidió dividir sus prioridades en tres pilares: seguridad financiera, bienestar familiar y libertad de tiempo. Cada pilar tendría igual importancia en tu nuevo plan de vida.

Creó una estrategia de ahorro más flexible, donde una parte del presupuesto se asignaría a experiencias familiares, como viajes y actividades recreativas. Entendió que el dinero, bien administrado, podía proporcionar recuerdos y felicidad, y no sólo guardarse para un futuro incierto.

Al mismo tiempo, siguió invirtiendo, pero de forma más reflexiva.

Había aprendido mucho sobre diversificación y riesgo y comencé a poner más énfasis en inversiones que proporcionaran ingresos pasivos a largo plazo.

Su objetivo ya no era sólo acumular riqueza, sino asegurarse de que, en el futuro, pudiera tener libertad de tiempo y no estar atado a un trabajo.

Además, decidió empezar a compartir lo que estaba aprendiendo con Mariana. Juntos, comenzaron a tomar decisiones financieras como equipo, asegurándose de que se tuvieran en cuenta tanto sus necesidades como sus deseos.

Capítulo 7: Presión familiar y dilemas

A medida que el nuevo plan financiero de Ricardo y Mariana tomó forma, comenzaron a surgir nuevos desafíos, esta vez involucrando a la familia extendida. Los cambios en la forma en que Ricardo administraba el dinero comenzaron a llamar la atención de otros miembros de su familia. Durante una cena de cumpleaños en casa de los padres de Ricardo, el tema de las finanzas surgió inesperadamente.

Su hermano menor, Tiago, siempre había sido menos cuidadoso con el dinero. Trabajaba como autónomo, con ingresos irregulares y no tenía costumbre de ahorrar ni invertir. Sus conversaciones sobre dinero eran a menudo incómodas. Tiago tenía una actitud más relajada, creyendo que la vida había que vivirla en el presente, sin tanta preocupación por el futuro.

— Escuché que estás invirtiendo — comentó Tiago con una sonrisa, mientras pasaban el pan sobre la mesa. — Ahora te estás uniendo a los ricos, ¿no?

El tono de broma era claro, pero había una pizca de frustración en las palabras. Ricardo sonrió, pero por dentro sabía que esta conversación iba a escalar.

— Sí, estoy tratando de preparar el futuro — respondió Ricardo, con calma. — No es una cuestión de ser rico, es una cuestión de seguridad. Sabes que no quiero depender únicamente del trabajo para garantizar nuestro futuro.

Tiago se rió, pero la tensión creció. Para él, la idea de la planificación financiera era extraña, casi inútil. Siempre había creído que la vida era demasiado impredecible para depender de planes rígidos.

— Por supuesto, pero mientras haces eso te estás perdiendo la diversión del presente, ¿no crees? — dijo Tiago, con un dejo de sarcasmo. — Prefiero disfrutar la vida ahora. Puede que el mañana ni siquiera esté garantizado.

La respuesta de Tiago tocó un punto sensible para Ricardo. Había una parte de él que entendía la perspectiva de su hermano.

La presión por equilibrar el presente y el futuro estaba constantemente en su mente.

Era difícil justificar los sacrificios del presente, especialmente cuando sus hijos le pedían que realizara actividades que él no dudaría en financiar en el pasado.

Sintió que, de alguna manera, podría estar privando a su familia de las experiencias que merecían. Y, sin embargo, sabía que su futuro dependía de las decisiones que tomara ahora.

Mariana, sentada a su lado, notó el malestar de Ricardo. Decidió intervenir, intentando aliviar la tensión.

— Creo que la cuestión no es sólo vivir el presente o garantizar el futuro — dijo, con una sonrisa conciliadora. — Es una cuestión de equilibrio. Podemos hacer ambas cosas. No se trata de elegir entre uno y otro.

Tiago se encogió de hombros, claramente todavía incrédulo. Y, aunque la conversación cambió de rumbo, la pregunta permaneció en la mente de Ricardo. ¿Estabas haciendo lo correcto para tu familia? ¿O estaba siendo demasiado cauteloso, como insinuó su hermano?

La presión familiar no se limitó sólo a Tiago. Los padres de Ricardo, que provenían de una generación en la que hablar de dinero era casi un tabú, también desconfiaban de los cambios que estaba haciendo. En una conversación privada con su padre, mientras lavaban los platos después de cenar, el tema volvió a surgir.

— Tu madre y yo nunca tuvimos muchos ahorros — dijo el padre de Ricardo, con tono serio. — Hicimos lo mejor que pudimos, pero nunca hubo espacio para invertir. Lo importante siempre ha sido mantener segura a la familia y para eso siempre ha sido suficiente el trabajo. Estás haciendo algo bueno, pero no olvides que la vida no se trata sólo de números.

Ricardo sintió el peso de esas palabras. Su padre era un hombre pragmático, que siempre había creído en el valor del trabajo duro y el sacrificio. Pero ahora, a medida que avanzaba su edad, Ricardo vio en el rostro de su padre las marcas de una vida de esfuerzo constante, sin la tranquilidad financiera que ahora perseguía.

Esta conversación dejó a Ricardo reflexionando sobre el equilibrio entre diferentes valores y generaciones. ¿Qué significaba "seguridad" financiera de todos modos? ¿Estarías creando una nueva forma de vida para tu propia familia, pero al mismo tiempo rompiendo tradiciones y valores que te habían sido transmitidos?

Capítulo 8: El conflicto con el pasado

A medida que Ricardo avanzaba en su viaje financiero, comenzó a darse cuenta de que, más que dinero, lo que realmente estaba tratando de resolver era una cuestión de identidad. La relación con el dinero estaba profundamente arraigada en sus recuerdos y experiencias pasadas. De hecho, el miedo a quedarse sin dinero –el miedo a la inseguridad financiera– era algo que había heredado de sus padres.

Ricardo recordaba claramente su infancia. En casa había una tensión constante por las facturas y los gastos. Su madre hizo todo lo que pudo para estirar el presupuesto, mientras que su padre, un hombre de pocas palabras, trabajaba muchas horas en una fábrica, sacrificando tiempo con sus hijos para asegurarse de que siempre hubiera comida en la mesa. Aunque nunca le faltó lo imprescindible, Ricardo sabía que la comodidad financiera era una ilusión frágil, que podía desaparecer en cualquier momento.

Ahora, con su propia familia, se sentía confrontado con los fantasmas de ese pasado. El miedo a repetir la historia de sus padres siempre estuvo presente. Pero, al mismo tiempo, sentí el deseo de romper con esta herencia y crear un nuevo camino, un camino donde el dinero no fuera una fuente de angustia constante, sino más bien una herramienta de libertad.

En una de sus sesiones de terapia, Ricardo abordó este tema con la terapeuta, intentando desatar los nudos emocionales que lo ligaban a su infancia.

—Creo que mi relación con el dinero está más ligada al miedo a quedarme sin nada que a la ambición de tener más—confesó Ricardo, mientras miraba la ventana de la oficina, con la mirada perdida en el horizonte.

El terapeuta, un hombre de mediana edad y voz tranquila, miró a Ricardo con interés.

— ¿Y de dónde viene ese miedo? preguntó.

Ricardo pensó por un momento. En su mente aparecieron imágenes de su padre exhausto y su madre contando monedas.

— De mi infancia — respondió, con un suspiro.
— Mis padres trabajaron mucho, pero nunca fue suficiente. El miedo a no tener dinero para las necesidades básicas siempre ha estado ahí. Creo que, en cierto modo, he vivido toda mi vida con este miedo. Y ahora, con mi propia familia, siento que estoy intentando arreglar lo que mis padres nunca lograron hacer.

El terapeuta asintió, como si entendiera algo más profundo.

— Parece que estás intentando resolver no sólo tus propios problemas económicos, sino también el dolor y las dificultades de tus padres. Es natural querer mejorar la vida de la próxima generación, pero también hay que preguntarse: ¿hasta qué punto ese miedo sigue siendo real en el presente?

Esta pregunta resonó en la mente de Ricardo durante semanas. Se dio cuenta de que, aunque la seguridad financiera era un objetivo válido, parte de su obsesión por el dinero tenía sus raíces en un miedo que ya no tenía sentido en su vida actual. Ya no era el niño que vivía a merced de la inestabilidad financiera de sus padres. Ahora tenía el control.

Y, al darse cuenta de ello, Ricardo empezó a sentirse más libre. Decidió que aunque iba a continuar con su plan para lograr la libertad financiera, también necesitaba dejar atrás los miedos del pasado. Debes centrarte en el futuro, en lo que puedes construir, no en lo que intentabas escapar.

Capítulo 9: Introducción a las inversiones

Con una nueva claridad de propósito, Ricardo decidió ampliar aún más sus conocimientos financieros, adentrándose en el mundo de las inversiones. Sabía que ahorrar era importante, pero no suficiente para alcanzar una verdadera independencia financiera. El dinero que estaba en la cuenta de ahorros no le funcionaba. Era hora de hacer crecer el dinero de forma inteligente.

Comenzó a estudiar en profundidad sobre acciones, fondos indexados, bonos y bienes raíces. Pasé horas leyendo sobre diferentes tipos de inversiones y viendo videos de expertos que explicaban cómo construir una cartera diversificada y de bajo riesgo. La cantidad de información era abrumadora, pero Ricardo estaba decidido a aprender.

Una noche, mientras cenaba con Mariana, le compartió su nuevo plan.

—Tenemos algo de dinero ahorrado y creo que deberíamos empezar a invertir —dijo con un entusiasmo que Mariana pocas veces vio en él.
— Si empezamos a invertir en fondos indexados podemos asegurarnos de que nuestro dinero crezca a largo plazo, sin tanto riesgo.

Mariana escuchó atentamente. Aunque confiaba en Ricardo, la idea de invertir la asustaba. Había escuchado historias de personas que lo perdieron todo en malas apuestas en el mercado de valores, y la idea de poner el dinero en el que habían invertido tanto esfuerzo para ahorrar me parecía arriesgada.

— ¿Y si lo perdemos todo? — preguntó, sin ocultar su preocupación.

Ricardo esperaba esta reacción. Sabía que la idea de invertir era intimidante, pero tenía una respuesta preparada.

— No se trata de apostarlo todo. La idea es diversificar. No vamos a invertir todo en un solo lugar y lo vamos a hacer de forma considerada. El objetivo es garantizar que el dinero crezca con el tiempo. Por supuesto, siempre hay algún riesgo, pero no pondremos en riesgo lo imprescindible.

Mariana reflexionó un momento. Sabía que Ricardo tenía razón. El dinero que tenían ahorrado no generaba más que una pequeña tasa de interés y, con la inflación, el valor real del dinero estaba disminuyendo. Sin embargo, la seguridad de ver los números en la cuenta de ahorros le dio cierto consuelo.

"Está bien, confío en ti", dijo finalmente. — Pero quiero que tengamos un plan. Y quiero que me expliques cada paso.

Ricardo sonrió, sintiéndose agradecido por su apoyo. Sabía que entrar al mundo de las inversiones sería un nuevo desafío, pero también sabía que esa era la clave del futuro que querían construir juntos.

Capítulo 10: Pequeños pasos, grandes logros

Ricardo empezó haciendo pequeñas inversiones. Abrió una cuenta de corretaje y compró sus primeras acciones en un fondo indexado que seguía el mercado general. Al principio, la idea de invertir dinero en una inversión que pudiera fluctuar diariamente lo puso nervioso, pero rápidamente comenzó a ver resultados.

Con el paso del tiempo, las pequeñas ganancias se acumularon y la cartera de Ricardo comenzó a crecer lentamente. Más importante que las ganancias inmediatas, aprendió el poder del tiempo. Cada euro que invertía generaba intereses compuestos y, cada mes que pasaba, este crecimiento se aceleraba.

Además de los fondos indexados, Ricardo comenzó a explorar otras oportunidades. Invirtió en pequeñas cantidades de acciones de empresas que creía que tenían un buen potencial de crecimiento a largo plazo. Algunas de estas apuestas dieron sus frutos, mientras que otras no. Pero, a diferencia de antes, ahora sabía cómo gestionar el riesgo. Había aprendido a diversificarme, no a poner todos los huevos en la misma canasta.

Con el paso del tiempo, su cartera empezó a generar considerables ingresos pasivos, algo que le parecía casi increíble.

Los ingresos por dividendos de las acciones y las pequeñas ganancias de las inversiones inmobiliarias le dieron un nuevo tipo de libertad. Ya no dependía únicamente de su salario para mantener a su familia. El dinero estaba trabajando para él.

Esta transformación le dio a Ricardo nueva confianza. No se trataba sólo de hacer crecer su dinero, sino de crecimiento personal. Por primera vez, sintió que realmente estaba construyendo algo, no sólo para él, sino para su familia y el futuro.

Capítulo 11: El riesgo y la recompensa

A medida que Ricardo profundizó sus conocimientos sobre inversiones, comenzó a sentirse más seguro para asumir mayores riesgos. Durante meses había ido a lo seguro, invirtiendo en fondos indexados y acciones de empresas estables. Sin embargo, el mundo de las inversiones era vasto y Ricardo no podía ignorar las tentadoras oportunidades que comenzaban a surgir a su alrededor.

Una tarde, mientras navegaba por un foro de inversores, se topó con una discusión sobre criptomonedas. Las historias de personas que habían hecho fortunas invirtiendo tempranamente en Bitcoin y Ethereum despertaron su interés. Ricardo ya había oído hablar de las criptomonedas, pero nunca las había considerado una inversión seria. Ahora, con todos los conocimientos que había adquirido, empezó a pensar que tal vez estaba perdiendo una oportunidad.

Mientras tanto, las noticias también hablaban de nuevas inversiones inmobiliarias, especialmente en zonas que se estaban revitalizando en las grandes ciudades. Ricardo sabía que invertir en bienes raíces era una apuesta más segura, pero implicaba mucho más trabajo y costos iniciales.

Sentado a la mesa de la cocina, con su computadora portátil frente a él, Ricardo consideraba entre las dos opciones. Las criptomonedas representaban riesgo, volatilidad y potencial para obtener grandes ganancias (o grandes pérdidas). El sector inmobiliario, por otra parte, ofrecía estabilidad pero requería una inversión inicial mucho mayor y un compromiso a largo plazo.

Fue entonces cuando decidió hablar con Mariana. Sabía que esta decisión era demasiado importante para tomarla solo. Cuando ella se reunió con él en la mesa, Ricardo compartió sus dudas.

— He estado pensando en diversificar un poco más nuestra cartera — comenzó, intentando no sonar demasiado entusiasmado. — He leído mucho sobre las criptomonedas y sé que son volátiles, pero hay mucha gente que gana dinero con ellas. Al mismo tiempo, pensé en invertir en una propiedad, tal vez un pequeño apartamento para alquilar. ¿Qué opinas?

Mariana frunció el ceño. Aunque confiaba en el criterio de Ricardo, se sentía incómodo con la idea de invertir su dinero en algo tan impredecible como las criptomonedas.

— Sé que estás aprendiendo mucho sobre inversiones y has estado haciendo un gran trabajo — comenzó, eligiendo cuidadosamente sus palabras. — ¿Pero las criptomonedas? ¿No crees que es demasiado arriesgado? Ya invertimos mucho en acciones y eso me puso nervioso al principio.

Ricardo entendía sus temores y él mismo compartía esas dudas. Sabía que era un riesgo, pero también sabía que la recompensa podría ser sustancial si lo hacía bien.

"Sí, es arriesgado", admitió. — Pero podemos invertir un pequeño porcentaje, algo que no comprometa nuestra cartera. Y en cuanto al sector inmobiliario, creo que sería una buena forma de garantizar unos ingresos pasivos estables. Sólo quería que te sintieras cómoda con cualquier decisión que tomemos.

Mariana reflexionó un momento. Sabía que Ricardo había sido responsable en sus decisiones hasta el momento y reconoció que invertir en bienes raíces parecía una opción sólida.

"Tal vez sería una buena idea diversificar un poco más", dijo finalmente. —Pero quiero que seamos cautelosos. En cuanto a las criptomonedas, no te metas en algo que no puedas permitirte perder.

Ricardo asintió, sintiéndose aliviado de contar con su apoyo. Luego decidieron invertir una pequeña parte de sus ahorros en criptomonedas, lo suficiente para experimentar, pero sin comprometer la estabilidad de la cartera. Al mismo tiempo, empezaron a buscar un pequeño apartamento para invertir y alquilar.

Capítulo 12: Amistades puestas a prueba

A medida que Ricardo y Mariana consolidaron sus finanzas y comenzaron a ver los frutos de sus inversiones, su vida social comenzó a cambiar. A lo largo de los años, habían desarrollado un círculo de amigos cercanos, muchos de los cuales compartían las mismas preocupaciones diarias: los niños, el trabajo y las luchas financieras de la vida cotidiana. Pero ahora, con cambios en su forma de abordar la vida financiera, Ricardo ha comenzado a notar cierta tensión en sus amistades.

Una noche, durante una cena con dos parejas que eran amigas desde hacía mucho tiempo, surgió inesperadamente el tema de las finanzas. Sofía y Miguel, ambos amigos universitarios de Ricardo, se quejaban de sus finanzas.

— Siempre estamos luchando para pagar la matrícula escolar de los niños — dijo Sofía, con un suspiro. — Parece que cuanto más trabajamos, menos tenemos a final de mes. Y las facturas siguen acumulándose. No sé cómo lo haces.

Ricardo, vacilante, respondió con cautela. No quería parecer pretencioso, pero también sentí la necesidad de compartir lo que había aprendido en los últimos meses.

—He estado estudiando mucho sobre finanzas personales —dijo. — Nos estamos esforzando en ahorrar más e invertir en lugar de gastar. Esto ha marcado toda la diferencia para nosotros.

Miguel frunció el ceño, visiblemente incómodo con la respuesta de Ricardo.

— Ah, ¿entonces ya eres parte de la élite inversora? — dijo con una sonrisa irónica, pero el tono era claramente crítico. — No todo el mundo puede darse el lujo de invertir. Algunos de nosotros simplemente estamos tratando de sobrevivir.

El comentario dolió más de lo que Ricardo esperaba. Sabía que Miguel estaba pasando apuros económicos y entendía su frustración. Pero también sabía que había trabajado duro para cambiar su situación. La tensión en el aire era palpable y Ricardo se sintió en una situación difícil.

— No es una cuestión de lujo — explicó, tratando de mantener el tono tranquilo. — Empezamos con muy poco. Se trataba más de cambiar la forma en que administramos el dinero. Pequeños cambios al principio, como recortar gastos innecesarios e invertir en cosas que generen ingresos en lugar de limitarse a gastar en bienes de consumo.

Sofía, sentada al lado de Miguel, miró a Ricardo con una mezcla de curiosidad y escepticismo.

"Pero no es tan fácil para todos", dijo en un tono más suave. — Tienes razón, claro, pero no todo el mundo tiene ese margen para empezar a invertir.

Intervino Mariana, que hasta entonces había permanecido en silencio.

"Sé que parece difícil", dijo. — Pero también tuvimos que hacer sacrificios al principio. No es fácil, pero creo que es posible que cualquiera empiece poco a poco y vaya construyendo con el tiempo. Así lo hicimos.

La conversación se calmó después de ese momento y la cena continuó de manera menos animada. Cuando Ricardo y Mariana llegaron a casa, ella no pudo evitar expresar sus preocupaciones.

— ¿Crees que estaban molestos? — preguntó, mientras se preparaban para ir a la cama. — Parecían… distantes.

Ricardo se encogió de hombros, pero sabía que el cambio en su vida financiera estaba afectando sus amistades.

"Creo que es natural", dijo con un suspiro. — Cuando las personas tienen dificultades económicas, oír hablar de inversiones y ahorros puede parecer poco realista. Quizás debamos ser más sensibles a eso.

En los días siguientes, Ricardo reflexionó sobre esta interacción. Se estaban poniendo a prueba amistades de larga data. Aunque no quería perder a sus amigos, sabía que su vida había tomado un nuevo rumbo. Estaba decidido a continuar su camino financiero, pero ahora también entendía que no todos estarían preparados o dispuestos a seguir este cambio.

Capítulo 13: El dilema entre carrera y libertad

A medida que las inversiones de Ricardo y Mariana crecían, algo inesperado empezó a suceder. Ricardo, que siempre se había dedicado a su labor como directivo, empezó a sentirse alejado de sus responsabilidades profesionales. El trabajo que alguna vez fue el centro de su vida ahora parecía menos significativo. El estrés diario, las largas jornadas y las exigencias constantes ya no tenían sentido en comparación con la libertad financiera que estaba empezando a imaginar.

Una mañana, mientras miraba la pantalla de su computadora en la oficina, Ricardo sintió una especie de desconexión. Ya no sentí la misma motivación. Sabía que el trabajo era importante, pero ahora, con sus inversiones creciendo, comenzó a preguntarse si valía la pena seguir sacrificando tanto de su vida por algo que ya no lo llenaba.

Durante las siguientes semanas, este sentimiento creció. Comenzó a evitar trabajar muchas horas, delegando más tareas a su equipo. Pero la verdad es que Ricardo estaba perdiendo interés en su trabajo. El deseo de pasar más tiempo con la familia y explorar nuevas oportunidades se hizo cada vez más fuerte.

Fue entonces cuando surgió una oportunidad inesperada. Durante una conversación con uno de sus compañeros de trabajo, se enteró de que la empresa estaba considerando una reestructuración, que incluía ofrecer paquetes de indemnización voluntaria a algunos empleados. Ricardo vio esto como una posibilidad: una posibilidad de dejar su trabajo, recibir una compensación financiera significativa y, al mismo tiempo, concentrarse en sus inversiones y su familia.

Pero la decisión no fue sencilla. Dejar tu trabajo supondría perder la seguridad de un salario estable, algo que siempre has valorado. Aunque tenía una cartera de inversiones en crecimiento, su trabajo era el ancla de su estabilidad financiera. Además, ¿cómo te percibirían tus familiares y amigos? ¿Parecería irresponsable dejar un trabajo estable cuando tantos otros luchan por uno?

Ricardo le llevó la pregunta a Mariana, como siempre hacía con las grandes decisiones de la vida.

— Existe la posibilidad de que pueda dejar la empresa con un paquete de indemnización — dijo, vacilante. — Eso nos daría una buena cantidad y podríamos centrarnos en nuestras inversiones. Pero... no sé si es la decisión correcta.

Mariana guardó silencio por un momento, reflexionando. Sabía cuánto había cambiado Ricardo en los últimos meses.

Se estaba centrando cada vez más en la familia y sus propios intereses. Pero también sabía que esta decisión representaba un riesgo.

— Ricardo, creo que hay que seguir lo que te hace feliz — dijo, finalmente. — Llevas años dedicado a tu trabajo, pero si ya no sientes lo mismo… tal vez sea el momento de pensar en lo que realmente quieres. Ya has hecho mucho por nosotros. Pero quiero que tomes esta decisión con cuidado. Todavía tenemos responsabilidades. No podemos actuar impulsivamente.

Las palabras de Mariana resonaron en la mente de Ricardo durante días. Sabía que, en el fondo, ella tenía razón. El deseo de dejar mi trabajo era fuerte, pero también entendí que no se podían ignorar las responsabilidades familiares.

Finalmente, Ricardo decidió posponer la decisión. Continuaría en el trabajo, pero con un nuevo enfoque: asegurarse de que su independencia financiera fuera sólida antes de tomar decisiones apresuradas. Sabía que la libertad estaba a su alcance, pero no quería poner en peligro el futuro de su familia tomando una decisión impulsiva.

Capítulo 14: La crisis personal

La vida de Ricardo estaba cambiando a una velocidad que no esperaba. Entre el crecimiento de sus inversiones y el alejamiento de su trabajo, se sentía más perdido que nunca. La presión de mantener la estabilidad financiera y al mismo tiempo equilibrar su deseo de pasar más tiempo con su familia y explorar nuevas oportunidades estaba empezando a pasarle factura.

Fue entonces cuando, en una lluviosa tarde de otoño, Ricardo tuvo una difícil conversación consigo mismo. Sentado en su auto, después de un largo día de trabajo, sintió un ataque de ansiedad invadir su cuerpo. El peso de las decisiones futuras y la incertidumbre sobre su carrera y su propósito en la vida lo golpearon de repente.

Ya no podía ignorar el hecho de que su trabajo ya no le proporcionaba satisfacción. Al mismo tiempo, sentía la presión de mantener la estabilidad financiera de su familia, algo que el trabajo le proporcionaba. Era una encrucijada emocional y Ricardo no sabía a quién acudir.

Llegó a casa esa noche sin decir una palabra. Mariana inmediatamente se dio cuenta de que algo andaba mal.

- ¿Qué está sucediendo? — preguntó preocupada, mientras él se sentaba en el sofá, exhausto.

—No lo sé, Mariana. Siento que estoy perdiendo el control — respondió Ricardo, en un tono que ella rara vez escucha. — El trabajo ya no me satisface. Siempre estoy pensando en nuestras inversiones, en nuestra seguridad financiera... Pero también siento que me estoy perdiendo.

Mariana se sentó a su lado y le tomó la mano.

"Tal vez estás tratando de cargar con todo tú mismo", dijo en voz baja. — Hemos hecho todo juntos hasta ahora. No es necesario que usted tome todas las decisiones solo. Y, lo más importante, no es necesario hacerlo todo a la vez.

Sus palabras conmovieron profundamente a Ricardo. Se dio cuenta de que, en su búsqueda de la libertad financiera, se estaba olvidando de vivir. Estaba tan concentrado en asegurar el futuro que estaba sacrificando el presente. Decidió que necesitaba reducir el ritmo, permitirse respirar y reflexionar sobre lo que realmente quería para él y su familia.

Fue entonces cuando tomó una decisión importante. Programó una reunión con su jefe y pidió reducir su jornada laboral. En lugar de dejar su trabajo por completo, optó por encontrar un punto medio.

Con más tiempo libre, podrías concentrarte en tus inversiones, pasar más tiempo con tu familia y, al mismo tiempo, mantener la seguridad de un salario estable.

Esta decisión le dio el espacio que necesitaba para encontrar el equilibrio. Ahora, con menos horas de trabajo y más control sobre su tiempo, Ricardo sintió que estaba recuperando el control de su vida.

Capítulo 15: La revelación de nuevas oportunidades

Con más tiempo para reflexionar y dedicarse a sus intereses personales, Ricardo empezó a ver el mundo bajo una nueva luz. Se sentía más en sintonía con sus verdaderas pasiones y los valores que realmente le importaban.

Fue durante una caminata solitaria una mañana de primavera, mientras observaba las hojas susurrar con el viento, que tuvo una revelación inesperada: tal vez su verdadera pasión era ayudar a otros a alcanzar el mismo nivel de libertad financiera por el que él había trabajado tan duro.

Comenzó a considerar la posibilidad de convertir lo que había aprendido en una nueva carrera. Sabía que había muchas personas, como sus amigos Sofía y Miguel, que luchaban con sus finanzas y no sabían por dónde empezar. Si pudieras compartir tus conocimientos y ayudar a otros a cambiar sus vidas, tal vez encontrarías un nuevo propósito.

Ricardo empezó a esbozar un plan. Crearía un blog, compartiría sus experiencias y consejos de inversión y, eventualmente, crearía talleres o incluso un libro.

La idea de convertir su viaje personal en una forma de empoderar a otros le dio una nueva sensación de motivación.

Al compartir la idea con Mariana, ella sonrió, orgullosa de la evolución de Ricardo.

"Siempre fuiste buena enseñando", dijo. — Creo que realmente puedes ayudar a mucha gente. Y quién sabe, tal vez eso sea lo que estabas buscando desde el principio.

Ricardo sintió una sensación de paz al escuchar esas palabras. Su viaje financiero estaba lejos de terminar, pero ahora estaba siguiendo un nuevo camino, uno que lo llenaba de propósito y lo reconectaba con lo que más valoraba: la libertad, el equilibrio y la capacidad de marcar una diferencia en las vidas de los demás.

Capítulo 16: El ascenso y el impacto en la familia

Ricardo no perdió el tiempo. Después de discutir su plan con Mariana, comenzó a trabajar en la creación de su blog sobre educación financiera. El nombre del blog, "Camino a la Libertad", reflejaba su propio viaje y su deseo de guiar a otros por el mismo camino. Al principio escribió sobre sus experiencias personales: cómo él y Mariana empezaron a ahorrar, la importancia de tener un presupuesto y los primeros pasos en el mundo de las inversiones. Cada artículo era una especie de reflexión, como si escribiera un diario, compartiendo los desafíos y logros que lo habían llevado hasta donde estaba.

A medida que el blog ganó lectores, Ricardo comenzó a recibir comentarios y mensajes de personas que enfrentaban las mismas dificultades financieras. Algunos estaban agobiados por las deudas, otros no sabían por dónde empezar a invertir. Cada mensaje era un recordatorio de que las dificultades financieras eran universales y que él tenía algo valioso que compartir.

Sin embargo, con el crecimiento del blog llegó una nueva presión. Ricardo empezó a dedicar más tiempo a escribir, responder preguntas de los lectores y planificar contenidos.

Mariana, aunque siempre lo apoyó, empezó a sentir que Ricardo volvía a caer en la misma trampa: el trabajo, aunque era su pasión, le estaba quitando más tiempo del inicialmente esperado.

Una noche, después de pasar varias horas en la oficina trabajando en su blog, Mariana se le acercó con expresión preocupada.

— Ricardo, me encanta que sigas esta nueva pasión, pero te veo perderte en el trabajo otra vez — dijo con voz tranquila pero firme. — ¿Qué pasó con el tiempo que íbamos a pasar juntos? ¿Y los niños? Te extrañan.

Ricardo permaneció en silencio, sabiendo que ella tenía razón. Estaba repitiendo los mismos errores del pasado, esta vez con un trabajo diferente. Sintió una oleada de frustración consigo mismo. Lo único que quería era encontrar el equilibrio, pero de alguna manera el entusiasmo por su nueva carrera lo estaba alejando de sus promesas.

— Tienes razón, Mariana — dijo, con un suspiro. — Lo ajustaré. No quiero perder lo que es realmente importante.

A la mañana siguiente, Ricardo decidió implementar un cambio. Creó una rutina más estructurada, donde limitó las horas dedicadas al blog.

El tiempo que había reducido del trabajo tradicional ahora lo dividiría entre el blog y, lo más importante, su familia. Empezó a reservar noches exclusivamente para Mariana y sus hijos, apagando la computadora y poniendo el celular en modo suspensión. Los fines de semana salían de paseo en familia, algo que habían dejado de hacer meses atrás.

El impacto fue inmediato. Se sintió más presente, más conectado con su familia. Y sorprendentemente su blog no sufrió la reducción de horas. Al contrario, pareció prosperar. La estructura que había implementado le permitió trabajar de manera más eficiente, sin sacrificar su vida personal.

Capítulo 17: El conflicto interno con la riqueza

A medida que el blog de Ricardo creció y atrajo más y más lectores, comenzó a recibir invitaciones para participar en eventos y conferencias sobre educación financiera. El reconocimiento a su trabajo y el impacto positivo que estaba teniendo en la vida de tantas personas lo llenaron de satisfacción. Por primera vez en mi vida sentí que estaba haciendo algo verdaderamente significativo. Estaba ayudando a las personas a tomar control de sus finanzas, salir de sus deudas y aprender a invertir para el futuro.

Sin embargo, con el éxito también llegaron nuevas inquietudes. Ricardo empezó a ganar dinero a través de su blog, a través de asociaciones con empresas de tecnología financiera, a través de cursos que empezó a ofrecer online e incluso a través de publicidad. Al principio, la idea de monetizar tu blog parecía natural; después de todo, estabas dedicando gran parte de tu tiempo y esfuerzo a esta nueva carrera. Pero a medida que el número de sus cuentas bancarias crecía, empezó a sentir un malestar interno.

Ricardo había iniciado este viaje con el objetivo de lograr la libertad financiera para su familia, pero ahora, con el aumento de su riqueza, se preguntaba: ¿estaban cambiando sus valores?

¿Qué significaba realmente la riqueza para él? No quería convertirse en una de esas personas obsesionadas con el dinero, pero no podía negar que le gustaba la sensación de seguridad y posibilidad que le traía el crecimiento financiero.

Una noche, mientras caminaba por el jardín de su casa, se sintió invadido por una mezcla de culpa y gratitud. El éxito financiero siempre había sido su objetivo, pero ahora que lo estaba logrando, no estaba seguro de cómo sentirse al respecto. Mariana se dio cuenta de su conflicto interno y, como siempre, fue su punto de equilibrio.

— Ricardo, has hecho mucho para ayudar a otras personas — dijo, mientras caminaban uno al lado del otro. — No hay ningún problema en ganar dinero con ello. No olvides que estás aportando valor real a la vida de los demás. No estás explotando a nadie.

Ricardo asintió, sintiéndose aliviado por sus palabras. Sabía que ella tenía razón. Su motivación nunca había sido el lucro, sino ayudar a otros a evitar los mismos errores que él había cometido. Sin embargo, decidió que necesitaba mantener los pies en la tierra. Para asegurarse de no dejarse corromper por la codicia, estableció una regla personal: una parte de los beneficios del blog siempre se destinaría a causas benéficas y a educación financiera gratuita para quienes no pudieran permitírselo.

Esta decisión le trajo tranquilidad. El dinero ya no era un fin en sí mismo, sino un medio para seguir promoviendo el bien. Con este compromiso, Ricardo sintió que estaba encontrando un equilibrio entre el éxito financiero y los valores que siempre había apreciado.

Capítulo 18: La importancia de legar conocimientos

Con el paso del tiempo, el blog de Ricardo se convirtió en una verdadera comunidad de aprendizaje financiero. Personas de todo el país siguieron sus artículos, vieron sus videos y participaron en sus seminarios web. Pero algo más importante empezó a suceder: sus hijos, Afonso y Beatriz, empezaron a mostrar interés por lo que hacía su padre.

Un domingo por la tarde, mientras Ricardo preparaba el contenido de uno de sus webinars, Afonso se le acercó con una libreta en la mano.

— Papá, ¿qué es eso de "inversiones"? — preguntó con sincera curiosidad.

Ricardo sonrió. Sabía que era un momento importante. Su hijo, que ahora tiene 12 años, empezaba a tomar conciencia del mundo que le rodeaba y quería aprender.

— Bueno, Afonso, las inversiones son una forma de hacer crecer nuestro dinero — comenzó Ricardo, simplificando el concepto. — En lugar de gastar todo el dinero, podemos ahorrarlo e invertirlo en cosas que generarán más dinero con el tiempo.

Alfonso frunció el ceño, intentando procesar la información.

— Como… ¿poner el dinero en una cuenta y esperar a que crezca? preguntó.

— Más o menos — respondió Ricardo riendo. — Puedes invertir en empresas, por ejemplo. Si la empresa crece, tu dinero también crece. Y si es paciente y toma decisiones inteligentes, su dinero puede multiplicarse con el paso de los años.

Afonso parecía fascinado con la idea y Ricardo la vio como una oportunidad para enseñar a sus hijos algo que él nunca había aprendido de niño: la importancia de administrar bien el dinero desde una edad temprana.

Con el tiempo, Ricardo empezó a involucrar a Alfonso y Beatriz en conversaciones financieras. No quería que crecieran con las mismas inseguridades que él tenía sobre el dinero. En cambio, quería que aprendieran a ver el dinero como una herramienta, algo que podría brindar libertad pero que debe administrarse de manera inteligente y responsable.

Una tarde, mientras estaban en el parque, Ricardo les propuso un desafío a Alfonso y Beatriz.

"Juguemos un juego", dijo, mientras les daba una pequeña cantidad de dinero. — Quiero que pienses en una forma de hacer que este dinero crezca a lo largo del mes.

Pueden venderlo, invertirlo, guardarlo… lo que quieran. A final de mes veremos quién consiguió el mejor resultado.

Los ojos de los dos niños se iluminaron. Fue una lección práctica que Ricardo hubiera deseado haber recibido a su edad. Durante las semanas siguientes, Alfonso y Beatriz intercambiaron ideas. Beatriz decidió vender galletas caseras con ayuda de Mariana, mientras Alfonso investigaba abrir una cuenta de ahorro para niños. Ricardo quedó impresionado por su creatividad, pero sobre todo, estaba orgulloso de enseñarles a sus hijos algo que beneficiaría sus vidas para siempre: el valor de la independencia financiera.

Al final del mes, ambos habían multiplicado su dinero de diferentes maneras, y Ricardo los recompensó no por la cantidad que ganaron, sino por la dedicación e inteligencia que demostraron durante todo el proceso.

Sabía que estaba plantando las semillas de un futuro en el que sus hijos no sólo serían financieramente responsables, sino también independientes. Este era el legado que quería dejar.

Capítulo 19: El significado del éxito

Con el paso del tiempo, Ricardo llegó a un punto de reflexión. Su vida había cambiado drásticamente desde el día en que comenzó su viaje financiero. Su carrera como gerente había dado paso a una nueva misión: ayudar a otros a alcanzar el mismo nivel de libertad financiera que él había alcanzado. Había crecido como persona, como esposo, como padre y, sobre todo, como alguien que ahora entendía el verdadero significado del éxito.

Sentado en la terraza de su casa una mañana de verano, mientras contemplaba el jardín donde jugaban sus hijos, Ricardo reflexionaba sobre todo lo que había logrado. Ahora tenía la libertad de elegir cómo emplear su tiempo, algo que durante tantos años parecía inalcanzable. Se dio cuenta de que el éxito no se trataba simplemente de acumular dinero, sino de la capacidad de vivir una vida con propósito y equilibrio.

Lo que realmente importaba era el tiempo que pasaba con su familia, el impacto positivo que tenía en la vida de los demás y la paz interior que había encontrado en el camino. Sí, había alcanzado la libertad financiera, pero más que eso, había aprendido a valorar cada momento de la vida, a construir recuerdos con su familia y a ayudar a otros a hacer lo mismo.

Ricardo sabía que su trabajo como educador financiero estaba lejos de terminar. Continuaría guiando a las personas en su camino hacia la libertad, pero ahora con una comprensión aún más profunda de lo que eso realmente significaba. Sabía que el verdadero éxito se medía por las vidas que tocaba, las experiencias que compartía y la paz que encontraba cada día.

Capítulo 20: La vida más allá del dinero

Con el blog prosperando y el equilibrio finalmente restaurado en su vida, Ricardo miró hacia el futuro con nueva claridad. Había llegado a un punto en el que el dinero ya no era una preocupación constante, sino una herramienta que le permitía vivir la vida en sus propios términos.

Luego decidió dedicar más tiempo a sus pasiones personales. Comenzó a viajar con Mariana y sus hijos, explorando el mundo y creando recuerdos que ningún saldo bancario podía reemplazar. Juntos experimentaron nuevos países, culturas y aventuras, y estas experiencias se convirtieron en la verdadera recompensa de sus esfuerzos.

Además, Ricardo comenzó a involucrarse en proyectos comunitarios. Sabía que muchos no tenían acceso a la educación financiera y eso le preocupaba. Comenzó a dar charlas gratuitas en escuelas y centros comunitarios, enseñando a jóvenes y familias cómo administrar el dinero de manera responsable. Su misión era clara: brindar a cada persona, independientemente de sus circunstancias, las herramientas que necesita para construir una vida financieramente estable y, sobre todo, con propósito.

En una de sus conferencias, una joven se levantó y le hizo una pregunta que lo dejó pensando profundamente.

— ¿Qué haces cuando te das cuenta de que el dinero ya no es tu motivación? preguntó ella.

Ricardo sonrió reconociéndose en la pregunta.

— Cuando llegas a ese punto, ya has logrado algo más importante que el dinero — respondió con un brillo en los ojos. — Te das cuenta de que el verdadero valor de la vida está en las experiencias, las personas y los recuerdos que creamos. El dinero es sólo un medio para vivir una vida plena, pero no es el objetivo final.

La joven asintió con expresión comprensiva. Y, en ese momento, Ricardo supo que había encontrado su verdadera vocación. Su camino había comenzado con una búsqueda de seguridad financiera, pero lo que descubrió fue algo mucho más grande: una vida llena de significado, equilibrio y libertad.

Capítulo 21: El precio de la fama

Con el creciente éxito del blog "Camino a la libertad: el viaje de un legado", Ricardo empezó a ganar notoriedad no sólo online, sino también en la vida real. Ya no era sólo el gerente quien, hace años, luchaba por equilibrar cuentas y ahorrar dinero; ahora era visto como un experto en finanzas personales, alguien a quien otros buscaban orientación. Sus conferencias atrajeron cada vez a más gente y su nombre empezó a aparecer en artículos periodísticos y programas de televisión.

Al principio, Ricardo estaba entusiasmado con la exposición a los medios. Fue una oportunidad para llegar a más personas, para difundir el mensaje de que la libertad financiera era accesible para todos, independientemente de sus circunstancias. Sin embargo, con la fama también llegaron las críticas, algo para lo que no estaba preparado.

Un día, mientras leía los comentarios de un artículo publicado sobre su obra, Ricardo se topó con una serie de críticas. Algunas personas cuestionaron la legitimidad de su consejo, llamándolo "privilegiado" y sugiriendo que era fácil hablar de ahorros e inversiones cuando ya se tenía una base financiera. Otros insinuaban que se estaba aprovechando de las dificultades de los demás, vendiendo promesas que no todos podían cumplir.

Estas críticas lo afectaron profundamente. Hasta entonces, Ricardo había creído que estaba haciendo el bien, ayudando a las personas a cambiar sus vidas. Pero ahora se sintió atacado por quienes lo acusaban de ser insensible a las realidades financieras de las personas más vulnerables.

Mariana se dio cuenta de que algo no estaba bien. Una noche, mientras cenaban, Ricardo parecía distraído, casi ausente.

- ¿Qué está sucediendo? — preguntó, dejando el tenedor. —Estás pensando en algo.

Ricardo suspiró y dejó el plato a un lado.

— Hoy estuve leyendo algunos comentarios... y, sinceramente, estoy un poco conmocionado — confesó. — Algunas personas piensan que me estoy aprovechando de las dificultades de otras personas, o que mis consejos no son realistas para quienes viven con menos. Me hace cuestionar lo que estoy haciendo.

Mariana lo miró con ternura, comprendiendo la frustración que sentía.

— Ricardo, siempre quisiste ayudar a la gente y eso es exactamente lo que has hecho. No se puede complacer a todo el mundo. Siempre habrá quien critique, sobre todo cuando se tiene éxito. Lo importante es que te mantengas fiel a tu propósito.

Ricardo sabía que ella tenía razón, pero las palabras todavía pesaban en su mente. Entonces decidió dar un paso atrás y reevaluar su enfoque. No quería que su obra se convirtiera en una fuente de angustia ni fuera vista como desconectada de la realidad de tanta gente. Quería asegurarse de que, sin importar el éxito que lograra, mantuviera la empatía y la compasión que siempre habían guiado su viaje.

Capítulo 22: El desafío de la autenticidad

Con el tiempo, Ricardo aprendió a lidiar con las críticas. Se dio cuenta de que la fama no sólo traía oportunidades, sino también responsabilidades. Sintió la necesidad de ser auténtico y transparente, para que la gente viera que seguía siendo el mismo hombre sencillo, dedicado a su familia y a sus valores.

Poco a poco, empezó a compartir más de sus luchas personales en su blog y redes sociales. En lugar de simplemente mostrar su éxito, Ricardo decidió hablar abiertamente sobre sus fracasos, las malas decisiones financieras que había tomado en el pasado y los miedos e incertidumbres que aún lo atormentaban. Esta vulnerabilidad fue recibida con agradecimiento por muchos de sus seguidores. La gente se sintió más cercana a él y se dio cuenta de que, a pesar de su éxito, Ricardo era como cualquier otra persona: alguien que enfrentaba desafíos y aprendía de ellos.

Una tarde, durante una de sus sesiones de preguntas y respuestas en línea, un joven llamado João hizo una pregunta que conmovió profundamente a Ricardo:

— Ricardo, ¿cómo logras mantenerte fiel a tus valores cuando empiezas a tener tanto éxito? ¿No tienes miedo de perder el contacto con la realidad?

La pregunta era directa y Ricardo sabía que tenía que responder con sinceridad. Después de una pausa, empezó a hablar.

— João, creo que esta es una de las luchas más grandes que enfrento. Cuando comencé este viaje, todo lo que quería era encontrar una manera de asegurar el futuro de mi familia. Pero a medida que mi éxito empezó a crecer, me di cuenta de que había una delgada línea entre utilizar el éxito para hacer el bien y dejar que nos defina. Creo que la respuesta es nunca olvidar de dónde venimos y quiénes somos. Para mí, eso significa estar siempre consciente de mis orígenes, de las dificultades que he enfrentado y de las personas que todavía luchan. Y, sobre todo, significa estar rodeado de personas que me mantienen fiel a quien soy, como mi esposa, mis hijos y mis amigos".

Esta sincera respuesta tocó el corazón de muchos de sus seguidores, y Ricardo se dio cuenta de que la autenticidad era lo que realmente importaba. A partir de ese momento se comprometió a ser siempre honesto acerca de sus luchas, éxitos y fracasos. Sabía que el verdadero impacto que podía tener en la vida de los demás provenía de ser real, de mostrar que el camino hacia la libertad financiera no era perfecto ni lineal, sino que estaba lleno de altibajos.

Capítulo 23: El equilibrio entre el éxito y la humildad

La fama de Ricardo siguió creciendo. Se multiplicaron las invitaciones para entrevistas, conferencias e incluso asesorías financieras privadas. Su agenda se llenó rápidamente, y aunque el éxito económico y profesional era algo que siempre había deseado, Ricardo empezó a sentir cierto malestar. Siempre había imaginado la libertad financiera como una manera de vivir la vida con más tiempo y menos estrés, pero ahora, con responsabilidades cada vez mayores y expectativas externas, el tiempo parecía cada vez más escaso.

Ricardo sabía que algo tenía que cambiar. Una noche, mientras revisaba su agenda, se dio cuenta de que hacía meses que no pasaba un fin de semana relajado con su familia. Su misión de ayudar a los demás lo estaba alejando de lo que más valoraba: su familia y el equilibrio por el que había trabajado tan duro.

Esa misma noche, acostado en la cama junto a Mariana, le compartió sus preocupaciones.

"Siento que todo esto me está absorbiendo", dijo con voz pesada. — Es como si estuvieras persiguiendo el éxito, pero perdiéndote lo que realmente importa.

Mariana, como siempre, escuchó atentamente. Sabía que Ricardo estaba viviendo un dilema al que se enfrentaban muchas personas a la hora de alcanzar el éxito.

"Tal vez necesites tomar un descanso", sugirió. — Has estado trabajando sin parar y sé que estás ayudando a mucha gente, pero también tienes que cuidar de ti y de tu familia. Recuerde, el éxito no se trata sólo de lo que logra en el trabajo. Se trata de cómo vives tu vida.

Las palabras de Mariana conmovieron profundamente a Ricardo. Sabía que ella tenía razón. No podía seguir sacrificando tiempo con su familia, ni momentos de tranquilidad, a cambio de un éxito que, en el fondo, se estaba quedando vacío. Entonces decidió reorganizar su vida. Comenzó a rechazar algunas invitaciones, a delegar más responsabilidades en el blog y a centrarse en menos proyectos, pero más significativos.

Este cambio le trajo una nueva sensación de paz. Se sentía más presente con sus hijos, más conectado con Mariana y más centrado en sí mismo. Aprendió que el verdadero éxito no estaba en la cantidad de compromisos o dinero que ganaba, sino en la calidad del tiempo que dedicaba a las personas y a las cosas que realmente importaban.

Capítulo 24: Construyendo un legado

Una vez restablecido el equilibrio en su vida, Ricardo empezó a pensar en el futuro. Ya no se trataba sólo de generar riqueza o garantizar la seguridad de su familia. Ahora, su visión era mayor. Quería dejar un legado. No un legado de riqueza material, sino un legado de conocimientos, valores e impacto positivo en la vida de los demás.

Decidió que el siguiente paso en su viaje sería crear una fundación dedicada a la educación financiera. La "Fundação Caminho para a Liberdade" sería una organización sin fines de lucro, enfocada a ofrecer educación financiera a familias de bajos ingresos, jóvenes y adultos que no tienen acceso a este tipo de formación. La fundación brindaría talleres gratuitos, consultas individuales y recursos digitales, todo con el objetivo de capacitar a las personas para que tomen el control de sus finanzas.

Cuando le compartió la idea a Mariana, ella quedó encantada.

— Ésta es tu misión, Ricardo — dijo con una sonrisa orgullosa. — Todo lo que has estado haciendo hasta ahora te ha estado preparando para esto. Marcarás una diferencia en la vida de tantas personas.

Ricardo sintió una oleada de gratitud por contar con el apoyo de Mariana en todas las etapas de su vida. Sabía que sin ella no habría llegado tan lejos. La fundación no fue sólo un proyecto personal, sino una extensión de todo lo que habían construido juntos como familia.

Con la ayuda de algunos amigos y socios que había conocido a lo largo de los años, Ricardo logró lanzar la fundación en menos de un año. El impacto fue inmediato. Personas de todo el país comenzaron a inscribirse en los programas gratuitos y la respuesta fue abrumadoramente positiva. Ricardo sintió que por fin estaba cumpliendo su propósito más profundo.

Poco a poco se dio cuenta de que su legado no sólo se mediría por sus logros económicos, sino por la cantidad de vidas que logró tocar y transformar.

Capítulo 25: El logro de la plena libertad

En los años siguientes, Ricardo vio cómo su vida evolucionaba de maneras que nunca hubiera imaginado. La fundación se convirtió en un éxito, ayudando a miles de personas a cambiar su relación con el dinero y lograr una vida más estable y próspera. Pero, lo más importante, Ricardo descubrió lo que realmente significaba vivir con total libertad.

Ahora, a los 45 años, Ricardo había llegado a un punto de su vida en el que el dinero ya no era una preocupación. Sus inversiones generaron suficientes ingresos pasivos para mantener a su familia, y el tiempo que pasó con Mariana, Alfonso y Beatriz fue su mayor fuente de alegría. Los viajes familiares se convirtieron en una tradición y los momentos sencillos, como las noches en casa viendo películas o las cenas en el jardín, se convirtieron en los tesoros que más valoraba.

Una tarde de finales de otoño, mientras caminaba con Mariana por un parque cercano, Ricardo la miró y, con una sonrisa tranquila, le dijo:

— ¿Recuerdas cuando siempre estaba preocupado por el futuro? ¿Cuando apenas podías dormir pensando en las facturas y el trabajo?

Mariana se rió al recordar las muchas noches de tensas conversaciones sobre dinero y preocupaciones.

—Por supuesto que lo recuerdo. Pero mírate ahora, Ricardo. Obtuviste lo que siempre quisiste: libertad. Y, más que eso, encontraste paz.

Ricardo asintió, sintiéndose agradecido por todo lo que habían vivido y logrado juntos. El viaje hacia la libertad financiera había sido largo, lleno de desafíos y momentos de incertidumbre, pero ahora, al final, me di cuenta de que la verdadera libertad no estaba solo en el dinero que acumulaba. Estaba en la capacidad de vivir cada momento plenamente, de elegir tu propio camino y de compartir ese viaje con las personas que más querías.

Con la mano de Mariana en la suya, Ricardo supo que había logrado algo mucho más grande de lo que inicialmente había imaginado: una vida con propósito, equilibrio y, sobre todo, total libertad.

Capítulo 26: La próxima generación

Con el éxito de su fundación y la estabilidad financiera asegurada, Ricardo comenzó a centrarse cada vez más en la educación de sus hijos. Alfonso y Beatriz eran ahora adolescentes y Ricardo sabía que los años siguientes serían fundamentales para moldear sus valores y elecciones. Quería que sus hijos, además de ser financieramente responsables, aprendieran la importancia de seguir sus sueños, sin importar el camino que elijan.

Alfonso, que hoy tiene 16 años, era el que más curiosidad sentía por el mundo de las inversiones. Ya había empezado a hacer pequeños ahorros y siempre le pedía consejo a Ricardo sobre cómo invertir mejor. Beatriz, en cambio, a los 14 años mostró más interés por las artes. Pasaba horas dibujando y pintando, y Ricardo y Mariana tenían claro que su camino sería diferente al de Alfonso.

Un día, mientras Ricardo y Alfonso trabajaban juntos en la computadora analizando el mercado de valores, Alfonso planteó una pregunta que sorprendió a Ricardo.

— Papá, ¿crees que debería seguir tu camino? — preguntó Alfonso, con un tono de seriedad inusual.

Ricardo se detuvo un momento, sintiendo el peso de la pregunta. Sabía que su hijo admiraba lo que había logrado, pero no quería que Alfonso sintiera que tenía que seguir exactamente los mismos pasos.

— Alfonso, lo más importante no es seguir mi camino, sino encontrar el tuyo — dijo Ricardo, con una sonrisa sincera. — Hagas lo que hagas, ya sea en finanzas o en cualquier otra cosa, debe ser algo que te haga feliz. Si el dinero es consecuencia de eso, genial. Pero nunca debes hacer algo sólo por dinero.

Alfonso permaneció en silencio unos instantes, reflexionando sobre las palabras de su padre. Aunque le interesaban las finanzas, sabía que el verdadero propósito de la vida iba mucho más allá del dinero.

— Creo que quiero aprender más sobre inversiones — dijo con determinación. — Pero también quiero asegurarme de que hago esto porque me gusta y no sólo porque creo que es lo que esperas de mí.

Ricardo sintió una oleada de orgullo al escuchar las palabras de su hijo. Alfonso estaba demostrando una madurez que él mismo sólo había alcanzado más tarde en su vida. Sabía que su hijo tenía un futuro brillante por delante, fuera cual fuera el camino que eligiera.

Con Beatriz el enfoque fue diferente. Mientras Alfonso pasaba horas estudiando gráficos y aprendiendo sobre mercados, Beatriz pasaba su tiempo en su improvisado estudio, creando obras de arte. Un día, al visitarla mientras pintaba, Ricardo le preguntó cómo veía el futuro.

— Aún no lo sé papá — respondió Beatriz, sin dejar de cepillar el lienzo. — Me gusta pintar, pero no sé si quiero hacer de esto mi vida.

Ricardo, siempre sensible a las diferentes naturalezas de sus hijos, respondió con calma.

— No necesitas decidirte ahora, Bé — dijo llamándola por el cariñoso diminutivo que usaba desde pequeña. — Lo importante es que hagas lo que te haga feliz. Si es arte, genial. Si es otra cosa, también está bien. Elijas lo que elijas, recuerda que tienes que hacer algo que te apasione.

Beatriz lo miró sonriendo levemente.

"Supongo que sólo quiero encontrar mi propio camino, como tú encontraste el tuyo", dijo. — Excepto que tal vez el mío es más colorido.

Ricardo se rió, sintiendo que sus dos hijos estaban creciendo con la libertad de seguir sus propios sueños, sin presión de ser lo que él o Mariana esperaban.

Capítulo 27: El futuro de la Fundación

A medida que la fundación "Caminho para a Liberdade" crecía, Ricardo comenzó a sentir la necesidad de ampliar su misión. Había comenzado ofreciendo talleres y consultorías gratuitas, pero ahora vi la oportunidad de crear programas más amplios, con impacto a nivel nacional. El objetivo era claro: conseguir que la educación financiera llegara a todos, especialmente a aquellos que nunca habían tenido acceso a este tipo de formación.

Ricardo decidió reunir a su equipo para discutir el futuro de la fundación. Entre los miembros del equipo estaba Joana, una joven dinámica y dedicada que había comenzado como voluntaria, pero rápidamente se convirtió en una de las líderes del proyecto. Joana tenía una visión ambiciosa para la fundación y, durante la reunión, presentó una propuesta que llamó la atención de Ricardo.

— Creo que deberíamos empezar a trabajar con las escuelas — sugirió Joana. — La mayoría de los jóvenes nunca reciben educación financiera formal, y si podemos ingresar a la escuela secundaria, podemos ayudar a cambiar eso desde una edad temprana.

Ricardo quedó impresionado con la propuesta. Sabía, por experiencia propia, cómo la falta de educación financiera en la juventud podía afectar el futuro de una persona.

Si él mismo hubiera aprendido sobre ahorros, inversiones y administración del dinero cuando era joven, podría haber evitado muchas de las dificultades financieras que enfrentó en su vida adulta.

— Eso tiene mucho sentido — dijo Ricardo, mientras miraba a los demás miembros del equipo. — Si queremos crear un impacto duradero, tenemos que empezar por los más jóvenes. Sigamos adelante con esto.

Durante los meses siguientes, la fundación comenzó a desarrollar un programa piloto de educación financiera para escuelas secundarias. El plan de estudios incluía temas como la gestión de presupuestos personales, ahorros, créditos y deudas, e incluso sencillas introducciones a las inversiones. Joana dirigió la implementación del proyecto, trabajando en estrecha colaboración con escuelas y profesores para garantizar que el contenido fuera accesible y relevante para los estudiantes.

El impacto fue inmediato. Las escuelas que participaron en el piloto informaron que los estudiantes estaban más conscientes de sus finanzas y más interesados en aprender sobre su futuro económico. Muchos de ellos incluso compartieron lo que aprendieron con sus padres, creando un efecto dominó en toda su familia.

Ricardo se sintió inspirado por el éxito del programa. Sabía que, al empoderar a las generaciones más jóvenes con conocimientos financieros, estaba ayudando a construir una sociedad más consciente y preparada para afrontar los desafíos económicos del futuro.

Capítulo 28: El renacimiento de viejas amistades

A medida que la fundación crecía y el impacto que estaba teniendo, Ricardo comenzó a reflexionar sobre sus viejas amistades. Recordó las tensiones que habían surgido con sus amigos de toda la vida, Miguel y Sofía, cuando empezó a ganar notoriedad en el mundo financiero. Aunque nunca rompieron del todo sus lazos, sus relaciones se habían enfriado y ya no se veían con tanta frecuencia como antes.

Ricardo sintió que ahora que había logrado una nueva perspectiva sobre el éxito y el dinero, era momento de reconectarse con quienes siempre habían sido importantes para él. Decidió acercarse a Miguel y Sofía, sugiriéndoles una cena para que finalmente pudieran hablar abiertamente de todo lo sucedido.

La noche del encuentro, Ricardo y Mariana esperaban ansiosos en el restaurante. Cuando llegaron Miguel y Sofía, hubo un momento de tensión en el aire, pero rápidamente se disipó con sonrisas y abrazos. Se sentaron a la mesa y luego de intercambiar algunas trivialidades, Ricardo decidió abordar lo que realmente le molestaba.

— Siento que cuando comencé a cambiar mi vida financiera, las cosas entre nosotros también cambiaron — dijo sinceramente. — Y me doy cuenta de que, por momentos, mi entusiasmo puede haber parecido lejano a tu realidad. Quería disculparme si alguna vez te hice sentir menos por esto. Siempre he valorado nuestra amistad y no quiero que el dinero o el éxito se interpongan en eso.

Miguel, visiblemente conmovido por las palabras de Ricardo, asintió con la cabeza.

— Sabes, Ricardo, creo que fue más por nosotros que por ti — dijo Miguel, con tono pensativo. — Cuando empezaste a crecer económicamente yo estaba pasando por una etapa difícil. Me sentí un poco... atrás. Y, por supuesto, esto generó cierta amargura. Pero la verdad es que, mirando hacia atrás, me doy cuenta de que lo que hiciste fue inspirador. No dejaste que tu pasado defina tu futuro y creo que eso es algo que todos deberíamos hacer.

Sofía, que estaba al lado de Miguel, sonrió y añadió:

— Has hecho un trabajo increíble con la fundación. Y aunque teníamos nuestras diferencias, siempre supimos que lo que hacíais era por el bien del pueblo. Creo que a veces es difícil ver crecer tanto a alguien que conocemos, porque eso nos hace enfrentar nuestros propios desafíos.

Pero ahora... estamos orgullosos de ti, Ricardo.

Las palabras de Miguel y Sofía aliviaron un peso que Ricardo ni siquiera sabía que llevaba. Sabía que las verdaderas amistades, aunque pasaran por momentos difíciles, eran aquellas que resistían el tiempo y el cambio.

A partir de ese momento, sus amistades comenzaron a florecer nuevamente, esta vez con una comprensión más profunda de quiénes eran y el camino que habían tomado cada uno.

Capítulo 29: Nuevos desafíos, nuevas oportunidades

Con el renacimiento de sus amistades y el éxito de la fundación, Ricardo sintió que entraba en una nueva etapa de la vida. Sin embargo, como siempre sucede en momentos de grandes avances, nuevos desafíos aparecieron en el horizonte.

La expansión de la fundación al nivel nacional supuso una presión adicional. Gestionar una organización tan grande requirió más tiempo, más recursos y, sobre todo, más responsabilidad. Ricardo, que siempre había logrado equilibrar bien su tiempo, ahora empezó a sentir que las exigencias de la fundación lo empujaban en diferentes direcciones.

Para hacer frente al crecimiento de la fundación, Ricardo decidió contratar a alguien externo para gestionar las operaciones diarias. Sabía que su pasión era la educación y el impacto directo que tenía en las personas, pero no quería que la burocracia y la gestión administrativa se convirtieran en el centro de su vida.

Fue entonces cuando conoció a Carlos, un directivo experimentado y con una visión clara y alineada con la misión de la fundación. Carlos llevaba años trabajando en el sector social, y su enfoque práctico y eficiente lo convirtió en la opción ideal para tomar las riendas de las operaciones.

Con Carlos a cargo, Ricardo podría volver a centrarse en lo que realmente le importaba: inspirar y educar.

Carlos demostró ser un líder capaz y la fundación floreció aún más bajo su liderazgo. Con la ayuda de Carlos, Ricardo pudo expandir los programas a más escuelas y comunidades, mientras continuaba desarrollando nuevos materiales educativos y talleres.

Pero con este éxito, Ricardo también empezó a sentir la presión de mantener el alto nivel que había fijado para la fundación. Había más personas dependiendo de los servicios ofrecidos y sobre sus hombros pesaba mucho la responsabilidad de que la fundación siguiera teniendo un impacto positivo.

Ricardo se dio cuenta de que, para mantener la integridad de la fundación, necesitaba asegurarse de que los principios que siempre lo habían guiado no se perdieran en medio de la expansión.

Se reunió con Carlos y el equipo, y juntos trabajaron para crear un conjunto de pautas que garantizarían que la fundación siguiera enfocada en ayudar a los más necesitados, independientemente del crecimiento de la organización.

Capítulo 30: Un nuevo propósito global

A medida que el impacto de la fundación "Caminho para a Liberdade" seguía creciendo, Ricardo comenzó a darse cuenta de que su misión podía ir más allá de las fronteras de su país. Durante un viaje de trabajo a un evento internacional sobre educación financiera, conoció a líderes de otras organizaciones similares de todo el mundo.

Inspirado por las conversaciones que tuvo, Ricardo comenzó a considerar la posibilidad de expandir su fundación a otros países. Sabía que la necesidad de educación financiera no era exclusiva de su país: era un problema global. En muchos países, las familias lucharon por comprender los conceptos básicos de gestión financiera y las desigualdades económicas no hicieron más que aumentar.

Con este nuevo objetivo en mente, Ricardo decidió lanzar un programa piloto de expansión internacional. Inicialmente, se centró en colaboraciones con otras fundaciones y organizaciones ya establecidas en países de habla portuguesa, como Brasil y Mozambique. El objetivo era adaptar los programas de su fundación a las realidades económicas y culturales de cada país, asegurando que las personas recibieran el tipo de educación financiera que necesitaban.

El proyecto fue un éxito. En poco tiempo, los programas de la fundación comenzaron a tener impacto en comunidades de diferentes partes del mundo. Para Ricardo, esta expansión global no fue solo un hito en su carrera, sino el cumplimiento de un sueño mayor: crear un mundo donde el conocimiento financiero fuera accesible para todos, sin importar dónde vivieran o su situación económica.

Ahora que la fundación tenía un impacto a escala global, Ricardo sentía que su misión estaba lejos de terminar. Cada día traía nuevos desafíos y nuevas oportunidades para seguir creciendo y ayudar a más personas. Y, sobre todo, sabía que mientras se mantuviera fiel a sus valores y su visión, estaría construyendo un legado duradero que se extendería mucho más allá de su propia vida.

Capítulo 31: Las decisiones difíciles del crecimiento

El crecimiento global de la fundación ha traído consigo una nueva serie de desafíos, más complejos y a menudo inesperados. La expansión a otros países había sido un éxito, pero también sacó a la luz las dificultades de adaptarse a diferentes culturas, regulaciones y realidades económicas. Ricardo, siempre enfocado en la misión de la fundación, comenzó a sentir la presión del crecimiento. Sabía que la responsabilidad era mayor que nunca.

Durante un viaje a Brasil para supervisar el proyecto de expansión de la fundación, Ricardo se reunió con líderes locales para discutir los próximos pasos. A diferencia de otros países, donde la fundación había logrado ingresar con relativa facilidad, Brasil presentó obstáculos burocráticos y sociales más complejos. Muchas de las áreas donde querían trabajar estaban profundamente afectadas por la pobreza extrema y la desconfianza generalizada en las instituciones.

Después de la reunión, Ricardo se sintió frustrado. Sabía que el trabajo que estaban haciendo era importante, pero también me di cuenta de que, con el crecimiento, venían las dificultades de gestionar múltiples proyectos en diferentes partes del mundo.

Había un dilema creciente dentro de él: ¿cómo mantener la fundación fiel a sus principios y al mismo tiempo hacer frente a las demandas de una organización cada vez más global?

Esa noche, de regreso al hotel, Ricardo tomó su celular y llamó a Mariana. Ella siempre había sido su punto de equilibrio y ahora necesitaba su perspectiva.

— Siento que estoy perdiendo el control — confesó. — La base está creciendo, el impacto es real, pero... la presión para mantener todo en orden es abrumadora. No sé si puedo manejar esto.

Mariana escuchó atentamente y, tras una pausa, respondió con calma:

— Ricardo, siempre fuiste capaz de afrontar desafíos, incluso cuando parecían imposibles. Pero debes recordar que no tienes que hacerlo todo solo. Tienes un equipo increíble. Confía en ellos. Puedes continuar liderando la misión, pero debes dejar que otros asuman parte de la carga.

Las palabras de Mariana lo hicieron reflexionar. Ella tenía razón. Ricardo siempre se había enorgullecido de ser un líder visionario, pero a medida que la base creció, tuvo que aprender a confiar más en su equipo y a delegar.

Sabía que, para garantizar que la fundación siguiera teniendo éxito y mantuviera sus principios, tendría que alejarse de algunos aspectos operativos y centrarse en el liderazgo estratégico.

A la mañana siguiente, se reunió con Carlos, el gerente operativo de la fundación, y discutió la necesidad de fortalecer aún más el equipo de liderazgo. Juntos, decidieron contratar más gerentes regionales para cada país donde operaba la fundación, lo que le permitió a Ricardo concentrarse en decisiones macro y desarrollar la misión global. Esto traería no sólo más eficiencia, sino también la garantía de que los proyectos continuarían creciendo con la misma integridad e impacto.

La decisión de delegar le produjo una sensación de alivio. Sabía que era la mejor manera de garantizar el éxito a largo plazo de la fundación, sin sacrificar el equilibrio que tanto había trabajado para lograr en su vida personal.

Capítulo 32: El crecimiento de los niños

A medida que la fundación siguió expandiéndose globalmente, la vida personal de Ricardo también experimentó una transformación. Alfonso y Beatriz, ya adolescentes de pleno derecho, estaban entrando en una fase crítica de sus vidas. Sus intereses, desafíos y responsabilidades iban creciendo, y Ricardo y Mariana sabían que era momento de darles más autonomía y orientación.

Alfonso, que siempre había mostrado un interés natural por el mundo de las inversiones y las finanzas, empezó a seguir sus propios pasos en este campo. Con 17 años ya había creado una pequeña cartera de inversiones y estaba pensando en estudiar Economía en la universidad. Ricardo se sintió orgulloso, pero también preocupado. Sabía por experiencia que el mundo de las finanzas podía ser implacable y que a veces el deseo de éxito financiero podía consumir otras partes de la vida.

Un domingo por la tarde, mientras jugaban al fútbol en el jardín, Ricardo aprovechó para tener una conversación más profunda con su hijo.

— Alfonso, has hecho un trabajo increíble con tus inversiones. Estoy muy orgulloso de lo que ya has logrado.

Pero hay algo de lo que quería hablarte", comenzó Ricardo, mientras pateaba suavemente el balón hacia su hijo.

Alfonso miró a su padre con curiosidad.

— Recuerdo que a tu edad estaba obsesionado con el éxito financiero — continuó Ricardo. — Sabía que quería tener una vida mejor que la de mis padres y para eso trabajé duro. Pero con el tiempo me di cuenta de que el dinero es sólo una parte de la ecuación. El equilibrio y la felicidad provienen de muchas otras cosas: de las relaciones, de los momentos que compartimos con las personas que amamos y del propósito con el que vivimos. Quiero que recuerdes esto a medida que avanzas.

Alfonso guardó silencio un momento, reflexionando sobre las palabras de su padre.

— Lo sé, papá. Y, sinceramente, me encanta lo que estoy aprendiendo sobre finanzas, pero también sé que no quiero que eso sea todo lo que hago en la vida", respondió. — Quiero encontrar algo que me apasione, algo que vaya más allá del dinero.

Ricardo sonrió, satisfecho con la madurez de su hijo. Sabía que Alfonso estaba en el camino correcto, pero también sabía que el mundo podía resultar confuso y desafiante. Como padre lo único que podía hacer era guiarlo con los valores que él mismo había aprendido a lo largo de su camino.

Beatriz, en cambio, seguía un camino completamente distinto. A la edad de 15 años, su talento para las artes había comenzado a florecer. Pasaba horas en su estudio, pintando y creando, y su talento no pasaba desapercibido.

Mariana, que siempre había animado a sus hijos a seguir sus pasiones, apoyó a Beatriz en todas sus elecciones artísticas.

Una noche, mientras la familia estaba reunida para cenar, Beatriz compartió una decisión importante.

— Papá, mamá, estaba pensando en postularme para una escuela de arte en el extranjero. Creo que es el mejor camino para mí — dijo Beatriz, con una mezcla de nerviosismo y emoción.

Ricardo y Mariana intercambiaron miradas. Aunque sabían que Beatriz estaba siguiendo su propio camino, la idea de verla irse al extranjero siendo tan joven asustaba.

— ¿Estás realmente preparado para esto? — preguntó Mariana, con su habitual preocupación maternal.

— Sí, creo que sí — respondió Beatriz con firmeza. — Sé que va a ser difícil, pero creo que es el siguiente paso si quiero seguir esta carrera.

Ricardo, aunque también preocupado, sintió una oleada de orgullo.

Sabía que su hija estaba tomando una decisión valiente y que había heredado la determinación de luchar por sus sueños.

— Te apoyaremos en todo lo que decidas — dijo Ricardo, con una sonrisa. — Si crees que este es tu camino, te ayudaremos a llegar allí.

La decisión de Beatriz trajo una nueva dinámica a la familia. Mientras Alfonso se concentraba en las finanzas, Beatriz se preparaba para un futuro en las artes. Ricardo y Mariana, siempre comprometidos con apoyar a sus hijos en sus decisiones, se sintieron desafiados, pero al mismo tiempo orgullosos de haber creado un ambiente donde ambos podían seguir sus propios sueños.

Capítulo 33: El encuentro con el pasado

A pesar de todos los logros y éxitos que había alcanzado, Ricardo nunca olvidó sus raíces. Su relación con sus padres, aunque siempre estuvo marcada por el amor y el respeto, se vio moldeada por las luchas financieras y las dificultades que enfrentaron mientras él crecía. Ahora, con su vida estabilizada y su fundación prosperando, Ricardo sintió que era hora de reconectarse más profundamente con su pasado y honrar el sacrificio de sus padres.

Una tarde de otoño decidió visitar la casa donde creció. La antigua casa de ladrillo, ubicada en una zona obrera de la ciudad, estaba prácticamente igual que cuando él era pequeño. Los recuerdos comenzaron a inundarlo mientras caminaba por el barrio, recordando los días en que jugaba fútbol en la calle con su hermano Tiago, y las noches en las que escuchaba a sus padres discutir sobre cómo pagar las cuentas mensuales.

Al llegar a la puerta de la casa de sus padres, Ricardo fue recibido por su madre, cuya cálida sonrisa siempre lo hizo sentir como en casa.

— ¡Ricardo! Qué bueno verte, hijo — dijo abrazándolo con fuerza.

Ricardo entró a la casa, oliendo el familiar olor de la comida que su madre estaba preparando.

Se sentó a la mesa de la cocina, el lugar donde tantas veces habían tenido conversaciones difíciles sobre el dinero, el futuro y las esperanzas.

El padre de Ricardo, ya jubilado, se sentaba a su lado. A pesar de los años de arduo trabajo, su postura seguía firme y sus ojos, aunque marcados por el tiempo, tenían el brillo de alguien que había pasado su vida luchando por el bienestar de su familia.

— ¿Cómo va la fundación, hijo? — preguntó el padre, con tono de voz ronco.

Ricardo sonrió, pero antes de responder sintió la necesidad de hablar de algo que había estado pesando en su mente.

— La fundación va bien papá, pero no es por eso que vine hoy aquí. He estado pensando mucho en los sacrificios que tú y mamá hicieron por Tiago y por mí. Todo lo que logré fue gracias a tus esfuerzos. Nunca tuve la oportunidad de agradecerte por todo — dijo Ricardo con la voz levemente quebrada.

El padre de Ricardo lo miró sorprendido por la sinceridad de su hijo. Hubo un largo silencio en la habitación, roto sólo por el suave sonido de la tetera hirviendo.

— No hace falta que me lo agradezcas, Ricardo — dijo finalmente su padre. — Hicimos lo que haría cualquier padre.

Hicimos lo mejor que pudimos. Pero estoy orgulloso de ti, más de lo que jamás imaginé. Viste oportunidades que nosotros nunca tuvimos, y esa… esa es nuestra mayor recompensa.

Las palabras de su padre conmovieron profundamente a Ricardo. Sabía que a pesar de las dificultades económicas que enfrentaron sus padres, el mayor legado que le dejaron fue el valor del trabajo duro, la honestidad y el compromiso con la familia.

Pasaron el resto de la tarde hablando sobre el pasado, los recuerdos que compartían y cómo las vidas de todos habían cambiado a lo largo de los años. Al salir de casa de sus padres esa noche, Ricardo sintió una sensación de paz. Había cerrado un capítulo importante en su vida y sabía que, independientemente del éxito financiero que alcanzara, lo que más valoraba era el legado de amor y sacrificio que le habían dejado sus padres.

Capítulo 34: El legado del amor

Con el paso de los años, Ricardo empezó a darse cuenta de que su verdadero legado no sería solo la fundación o el éxito financiero que había alcanzado, sino los valores y el amor que transmitía a sus hijos, su familia y su comunidad.

Una mañana, mientras caminaba con Mariana por el parque por donde caminaban en los primeros años de matrimonio, Ricardo se detuvo un momento y miró al horizonte.

— Sabes Mariana, a veces pienso en lo que realmente pasará cuando ya no esté aquí. No serán mis inversiones, ni la fundación, ni el éxito. Lo que quedará son los recuerdos, las lecciones que les enseñamos a nuestros hijos y el impacto que dejamos en las vidas de las personas que tocamos.

Mariana, siempre su mayor apoyo y confidente, sonrió.

—Tienes razón, Ricardo. Y si hay algo que hemos aprendido a lo largo de este viaje es que el dinero es importante, pero el amor, la familia y las relaciones son lo que realmente nos sostiene. El resto… es sólo un medio para crear una vida significativa.

Ricardo asintió, sintiéndose agradecido por la vida que habían construido juntos. La fundación seguiría creciendo, sus hijos seguirían persiguiendo sus sueños y muchos sentirían el impacto de su trabajo.

Pero, en el fondo, lo que más importaba era el amor que compartía con Mariana, con sus hijos y con todos los que habían sido parte de su camino.

Su legado no se mediría por las cifras de sus cuentas bancarias, sino por las vidas que transformó, el amor que difundió y la paz que encontró en el camino.

Capítulo 35: Los desafíos del envejecimiento

Pasó el tiempo y Ricardo, que hoy tiene 55 años, empezó a sentir el peso de la edad. Aunque todavía mantenía una vida activa y saludable, su cuerpo comenzaba a mostrar los signos naturales del paso del tiempo. Los paseos matutinos con Mariana, que antes eran rápidos y vigorizantes, se volvieron más lentos e introspectivos. La energía que antes dedicaba a su fundación y a sus inversiones ahora requería más esfuerzo físico y mental.

Una mañana nublada, Ricardo se despertó con una sensación de cansancio que nunca antes había sentido. Mientras se miraba en el espejo, se vio reflejado como un hombre que ya no era el joven ambicioso que había comenzado su viaje financiero. Las arrugas marcaron su rostro y el cabello gris comenzó a dominar su cabello una vez oscuro.

Esta comprensión le trajo un nuevo tipo de reflexión. Durante muchos años se había centrado en el futuro, siempre planificando y proyectando lo que vendría después. Pero ahora, por primera vez, empezó a preguntarse cómo le gustaría vivir los años que le quedaban. Sabía que su tiempo activo como mentor y líder en la fundación no duraría para siempre y comenzó a pensar en lo que realmente significaba "reducir el ritmo".

Ricardo decidió hablar con Mariana sobre el asunto. Ella, que siempre había sido su fiel compañera, sabía que él estaba luchando con estas nuevas emociones.

— Mariana, he estado pensando mucho en el futuro… en nosotros, en la fundación, en lo que quiero hacer con el tiempo que nos queda — dijo Ricardo, mientras se sentaban en el sofá de la sala, compartiendo calor té.

Mariana dejó su taza y lo miró con ternura.

— Creo que todos pasamos por esto en algún momento, Ricardo. Siempre te han impulsado los proyectos y los desafíos, pero tal vez sea hora de encontrar una nueva forma de vida. No es necesario que haya una parada completa, pero tal vez un ritmo diferente — sugirió.

Sus palabras tenían sentido. Ricardo sabía que no podía parar por completo: su espíritu inquieto y su pasión por el cambio no se lo permitían. Pero también sabía que necesitaba aprender a valorar más el presente, a vivir con más tranquilidad y a prepararme para el inevitable proceso de pasar el testigo a las siguientes generaciones.

Capítulo 36: Preparando la transición del legado

Con esta nueva claridad, Ricardo comenzó a hacer planes para la transición del liderazgo de la fundación. Aunque siguió involucrado, sabía que llegaría el momento en que tendría que traspasar la responsabilidad a otra persona. Carlos, que ya había dirigido operaciones durante años, fue la elección natural. Sin embargo, Ricardo también quiso involucrar a sus hijos en este proceso. Sabía que tanto Alfonso como Beatriz tenían algo único que ofrecer y que la fundación podría beneficiarse de sus nuevas perspectivas.

Una tarde se reunió con Alfonso y Beatriz en la oficina de la fundación. Ambos se encontraban ahora en diferentes etapas de sus vidas. Alfonso, de 26 años, había desarrollado una exitosa carrera en el mundo de las finanzas, pero siempre permaneció involucrado en la fundación de su padre. Beatriz, de 24 años, había terminado la carrera de Bellas Artes y estaba explorando el mundo de las artes y el diseño, pero también estaba interesada en el impacto social que tenía la fundación.

— Niños, creo que ha llegado el momento de hablar del futuro de la fundación — dijo Ricardo mirándolos a ambos con una mezcla de orgullo y seriedad. — No digo que vaya a dejarlo todo ahora, pero quiero empezar a prepararme para la transición.

La base es algo que construimos juntos como familia y quiero que ambos estemos más involucrados en su evolución.

Alfonso, siempre práctico y centrado, fue el primero en responder.

— Por supuesto, papá. Sabes que siempre he estado interesado en ayudar. Creo que podemos seguir ampliando los programas de educación financiera, especialmente con nuevas tecnologías y plataformas digitales. Hay mucho que podemos hacer para llegar a más personas.

Beatriz, aunque más reservada en temas económicos, también compartió su visión.

— Sé que mi camino es un poco diferente, pero siempre me ha interesado el aspecto social de la fundación. Quizás podamos explorar formas de integrar el arte y la creatividad en los programas, especialmente para niños y jóvenes. La educación financiera se puede enseñar de muchas maneras, sugirió con los ojos brillantes de entusiasmo.

Ricardo quedó impresionado con las ideas de sus hijos. Sabía que ambos tenían mucho que ofrecer y que, juntos, podrían llevar la fundación a un nuevo nivel. Al escuchar sus opiniones, sintió una oleada de alivio. El legado que había comenzado años atrás estaba en buenas manos.

Capítulo 37: El papel del mentor

En los años siguientes, Ricardo empezó a asumir el rol de mentor, tanto de su equipo de la fundación como de sus hijos. Su forma de trabajar ha cambiado drásticamente. Ya no era el líder activo que tomaba todas las decisiones; en cambio, asesoró y guió a los más jóvenes para que tomaran la iniciativa. Esta transición le dio un nuevo sentido de propósito.

Carlos, que ahora dirigía gran parte de las operaciones globales de la fundación, buscaba periódicamente el consejo de Ricardo. El respeto y la amistad entre ellos habían crecido con los años y Ricardo vio en Carlos a alguien que podía continuar la misión con la misma pasión e integridad.

— Ricardo, siento que sin ti esto no sería lo mismo — dijo Carlos una tarde, después de una reunión particularmente difícil sobre la expansión a nuevos mercados.

Ricardo sonrió y puso su mano en el hombro de Carlos.

— Por eso confío en ti. No tengo que ser yo, Carlos. Tienes que ser tú mismo y liderar con tu visión. La base se trata de personas y tú lo entiendes mejor que nadie.

Además de su relación con Carlos, Ricardo también comenzó a dedicar más tiempo a asesorar a jóvenes emprendedores sociales que estaban iniciando sus propias fundaciones e iniciativas. Su reputación como mentor se extendió y a menudo recibía solicitudes de orientación de personas de diferentes partes del mundo. En lugar de ver esto como una obligación, Ricardo lo vio como una oportunidad de difundir sus enseñanzas a una nueva generación.

Esta fase de la vida le trajo una paz inesperada. Sabía que estaba marcando una diferencia, pero de una manera más tranquila y menos apresurada. Finalmente estaba encontrando el equilibrio entre el impacto que quería dejar y el tiempo que quería para él y su familia.

Capítulo 38: La crisis sanitaria

Pero, como es inevitable en la vida, a medida que pasa el tiempo surgen nuevos desafíos. A los 58 años, Ricardo enfrentó una inesperada crisis de salud. Durante un viaje a Mozambique, donde estaba revisando los programas de la fundación, comenzó a experimentar dolor en el pecho y dificultad para respirar. Inicialmente restó importancia a los síntomas, atribuyéndolos al cansancio y al estrés del viaje.

Sólo cuando el dolor se intensificó decidió buscar ayuda médica. En el hospital, los médicos le diagnosticaron un grave problema cardíaco. Ricardo, que siempre se había enorgullecido de mantener un estilo de vida saludable, quedó conmocionado por la noticia. La recomendación de los médicos era clara: necesitaba cirugía y una reducción drástica de su ritmo de vida.

La noticia conmovió profundamente a Ricardo y su familia. Cuando regresó a casa, Mariana, Afonso y Beatriz lo estaban esperando en el aeropuerto. Sus rostros mostraban preocupación, pero también determinación de apoyarlo en todo.

— Saldrás de esto papá — dijo Beatriz abrazándolo con fuerza. — Siempre has sido fuerte y estamos aquí contigo.

Alfonso, siempre pragmático, añadió:

— Ya hemos agendado citas con los mejores especialistas. Te van a operar y estarás bien.

A pesar del apoyo de su familia, Ricardo no pudo deshacerse del miedo que sentía. Por primera vez en su vida, su propia mortalidad era algo que no podía ignorar. Durante semanas permaneció en casa recuperándose, reflexionando sobre su vida y lo que aún quería lograr.

Mariana, quien permaneció a su lado durante toda su recuperación, se convirtió en su pilar de fortaleza. Durante una de sus conversaciones nocturnas, Ricardo dijo:

— Supongo que siempre pensé que tenía todo el tiempo del mundo, Mariana. Pero ahora veo lo valioso que es el tiempo. Hay tantas cosas que todavía quiero hacer, pero también me doy cuenta de que no puedo seguir viviendo como si tuviera todo el tiempo del mundo.

Mariana, siempre su mayor confidente, respondió con la calma y sabiduría que siempre la ha caracterizado.

—Has hecho mucho, Ricardo. Pero el tiempo del que disponemos siempre es limitado, y eso forma parte de la vida. Lo importante es lo que haces con el tiempo que tienes. Y ya has hecho mucho. Ahora toca cuidarse y disfrutar los momentos que tenemos juntos.

Sus palabras trajeron a Ricardo una paz inesperada. Sabía que necesitaba reducir el ritmo, no porque estuviera perdiendo mi capacidad de contribuir, sino porque quería apreciar más los momentos que aún estaban por delante.

Capítulo 39: Un nuevo ritmo de vida

Después de la cirugía y un largo período de recuperación, Ricardo surgió con una nueva perspectiva de la vida. Ya no sentía la presión constante de hacer siempre más, de lograr más. En cambio, comenzó a adoptar un ritmo de vida más tranquilo y consciente.

Durante los meses de recuperación pasó más tiempo con Mariana, Afonso y Beatriz, y empezó a valorar más los momentos sencillos: las largas conversaciones en la mesa, los paseos con Mariana al atardecer y las visitas de sus hijos, que estaban ahora adultos jóvenes independientes.

La fundación, bajo el liderazgo de Carlos y con la creciente participación de Alfonso y Beatriz, siguió prosperando. Ricardo se sintió tranquilo acerca de su futuro. Sabía que su legado estaba en buenas manos y que había hecho todo lo que estaba en su poder para garantizar que el impacto de la fundación continuara durante muchos años.

Un día, mientras estaba sentado en el jardín, contemplando el atardecer, Ricardo sintió una sensación de paz que no había experimentado en mucho tiempo. La vida le había brindado muchos desafíos, pero también muchas bendiciones.

Había construido algo que iba mucho más allá de él mismo, algo que seguiría impactando las vidas de miles de personas, incluso después de que él ya no estuviera aquí.

Mariana se reunió con él en el jardín y juntos, sentados uno al lado del otro, observaron cómo el sol desaparecía en el horizonte.

— ¿Crees que hicimos lo suficiente? — preguntó Ricardo, su voz suave en el silencio del final de la tarde.

Mariana lo miró con una sonrisa afectuosa.

— Hicimos mucho más que eso, Ricardo. Hicimos lo correcto. Y eso es todo lo que importa.

Con estas palabras, Ricardo supo que había encontrado la verdadera libertad. No era sólo la libertad financiera que tanto había buscado a lo largo de su vida, sino la libertad de vivir en paz con las decisiones que tomó, las vidas que tocó y el tiempo que le quedaba.

Capítulo 40: Encontrando el futuro

A sus 60 años, Ricardo ya no veía su vida como una carrera contra el tiempo. Años de intenso trabajo, creación de un legado a través de la fundación y desarrollo de sus hijos habían creado una vida plena y significativa. Ahora vivía cada día con serenidad, disfrutando cada momento.

Alfonso y Beatriz siguieron creciendo en sus respectivas áreas. Alfonso, ahora con una posición destacada en el mundo de las finanzas, comenzó a explorar nuevas formas de integrar en su propia carrera los principios que le había enseñado su padre. Beatriz, en cambio, se había creado un nombre como artista y estaba planeando su primera exposición internacional.

Un día, mientras estaban juntos como familia, Alfonso sacó a relucir algo que se había estado gestando en su mente.

— Papá, he estado pensando mucho en lo que quiero hacer en el futuro, y creo que quiero crear algo propio — dijo, con una seriedad que indicaba que la decisión no había sido tomada a la ligera.

Ricardo miró a su hijo con curiosidad.

—¿Qué tienes en mente? preguntó.

Alfonso respiró hondo antes de responder.

— Quiero crear una nueva plataforma de educación financiera, pero más interactiva, más accesible para los jóvenes. He notado que nuestra generación tiene un enfoque diferente hacia el dinero y creo que puedo ayudar a cerrar esa brecha.

Ricardo sonrió, sintiendo una oleada de orgullo. Alfonso seguía su propio camino, pero también aprovechaba los valores que él y Mariana le habían transmitido a lo largo de los años.

— Me parece una excelente idea, hijo. Tienes todo mi apoyo — dijo Ricardo sintiendo que el ciclo de la vida continuaba de forma natural y poderosa.

Beatriz, que hasta entonces había guardado silencio, también compartió sus planes.

— Y yo… estoy pensando en usar mi arte para crear algo que vaya más allá de la galería. Quiero ser parte de un movimiento que utilice el arte como forma de conciencia social. Tal vez algo que pueda ayudar con la base —sugirió, con un brillo en los ojos.

Ricardo y Mariana guardaron silencio por un momento, absorbiendo las ambiciones de sus hijos. Se sintieron inmensamente agradecidos por haber creado un entorno en el que Alfonso y Beatriz pudieron seguir sus propios sueños, honrando al mismo tiempo el legado que habían heredado.

Ricardo sabía que el futuro de su familia estaba asegurado. La fundación continuaría impactando al mundo y sus hijos estaban listos para llevar a cabo la misión de marcar la diferencia, cada uno a su manera.

El viaje de Ricardo estaba lejos de terminar, pero sabía que sin importar lo que le deparara el futuro, había vivido plenamente. El verdadero legado que dejaría no sería sólo el dinero o la fundación, sino los valores, las lecciones y el amor que había compartido con su familia y con todas las personas que tocó a lo largo de su vida.

Capítulo 41: Los recuerdos del pasado

Con el paso de los años, Ricardo empezó a reflexionar cada vez más sobre su vida, especialmente sobre los momentos que marcaron su viaje. Su salud se estabilizó tras la cirugía, y con el tiempo libre que había ganado al delegar más responsabilidades en la fundación, Ricardo comenzó a dedicarse a un nuevo proyecto personal: escribir sus memorias.

Se sentó en su oficina, rodeado de fotografías de Mariana, sus hijos y los momentos significativos de su vida. El sonido de las teclas de la computadora llenó el aire mientras comenzaba a organizar sus recuerdos en una narrativa que reflejaba no solo su viaje financiero, sino también la transformación personal que había experimentado a lo largo de los años.

—Creo que es hora de contar mi historia —le dijo a Mariana una noche, mientras discutían los avances de su libro. — No quiero escribir sólo sobre finanzas o cómo generar riqueza. Quiero escribir sobre lo que realmente aprendí, sobre cómo las decisiones que tomamos pueden moldear nuestras vidas de maneras que nunca imaginamos.

Mariana, siempre su mayor apoyo, lo animó a continuar.

Sabía que el proyecto no era sólo una forma de compartir su conocimiento, sino también una manera para que Ricardo se conectara con su pasado y comprendiera las decisiones que lo habían llevado allí.

Durante el proceso de escritura, Ricardo revisó mentalmente momentos cruciales de su vida: las dificultades que enfrentó en su juventud, los primeros años de matrimonio, la ansiedad de formar una familia y construir una carrera, los altibajos emocionales y, por supuesto, la punto de inflexión cuando decidió cambiar completamente su enfoque hacia el dinero y la vida.

Uno de los capítulos más difíciles de escribir para él fue sobre la relación con sus padres. Aunque habían sido una presencia constante en su vida, Ricardo siempre sintió que las conversaciones más profundas, sobre los sacrificios que hicieron y sobre sus propias aspiraciones, nunca habían sido exploradas en su totalidad. Ahora, al reflexionar sobre el legado que le dejaron sus padres, sintió la necesidad de plasmar esa historia en el libro.

Escribir sobre esos momentos le produjo una sensación de curación. Mientras las palabras fluían, Ricardo se dio cuenta de que no sólo estaba compartiendo su viaje con los demás, sino también reconciliándose con el pasado, aceptando sus fracasos y celebrando victorias personales y familiares.

Capítulo 42: El impacto global de la Fundación

Mientras Ricardo se concentraba en sus memorias, la fundación "Caminho para a Liberdade" seguía expandiéndose. Bajo el liderazgo de Carlos y con la creciente participación de Alfonso y Beatriz, la organización se ha convertido en un referente mundial en educación financiera e impacto social. Su trabajo, que comenzó modestamente con talleres y consultorías, ahora llegó a decenas de países, con programas centrados en empoderar a las comunidades más desfavorecidas.

La fundación ahora contaba con una red de asociaciones con organizaciones internacionales, gobiernos y empresas privadas, todos comprometidos a llevar educación financiera a millones de personas. La visión de Ricardo de crear un mundo donde el conocimiento financiero fuera accesible para todos se estaba haciendo realidad.

Una tarde, mientras revisaba informes sobre nuevos programas en países de África y América Latina, Ricardo sintió una oleada de orgullo y gratitud. La fundación ha ayudado a miles de familias a salir de la pobreza, gestionar mejor sus recursos e invertir en el futuro con confianza. Era más de lo que jamás había imaginado.

Carlos, siempre atento a la misión de la fundación, sugirió algo que dejó a Ricardo pensando profundamente.

— Ricardo, he estado pensando mucho en el futuro de la fundación y en cómo podemos garantizar que el impacto se mantenga, incluso después de nuestro tiempo. ¿Qué opinas sobre la creación de una iniciativa global de educación financiera que involucre a más organizaciones y líderes mundiales? — sugirió Carlos, mientras discutían el plan estratégico para los próximos años.

Ricardo guardó silencio por un momento. Sabía que el crecimiento de la fundación ya era impresionante, pero la visión de Carlos de crear una iniciativa global, donde los gobiernos y los líderes empresariales se comprometieran a implementar la educación financiera a escala, era un nuevo nivel.

—Eso sería un sueño hecho realidad —respondió Ricardo. — Creo que ese es el siguiente paso. Ya hemos ayudado a muchos, pero hay muchos más que necesitan este conocimiento. Si podemos involucrar a los líderes mundiales, podemos transformar la forma en que la gente piensa sobre el dinero y su relación con la economía global.

A partir de ese momento, Ricardo y Carlos comenzaron a trabajar en la creación de una cumbre global sobre educación financiera.

El objetivo era simple, pero ambicioso: reunir a líderes de todas las esferas de la sociedad para discutir, compartir e implementar políticas que garanticen que todas las personas, en cualquier parte del mundo, tengan acceso a la educación financiera.

Esta nueva fase de la fundación trajo a Ricardo un nuevo sentido de propósito. Sabía que no siempre estaría ahí para liderar la organización, pero también sabía que al establecer una iniciativa global, se aseguraba de que su legado duraría generaciones.

Capítulo 43: El reencuentro con Tiago

Con la vida personal de Ricardo en un punto de reflexión y la fundación creciendo a niveles globales, todavía quedaba un tema sin resolver: su relación con su hermano Tiago. Desde que los dos tomaron caminos separados, la relación entre ellos se había enfriado. Tiago, siempre más relajado ante la vida y el dinero, nunca había comprendido del todo la obsesión de Ricardo por la seguridad financiera.

En los últimos años, los dos hermanos hablaban esporádicamente, pero la cercanía que alguna vez compartieron durante la infancia ya no existía. Ricardo, sintiendo que estaba entrando en una fase más introspectiva de su vida, supo que necesitaba reconectarse con su hermano antes de que fuera demasiado tarde.

Entonces decidió concertar una reunión con Tiago. Lo llamó una tarde tranquila y, para su sorpresa, Tiago aceptó de buena gana.

— Hace mucho que no hablamos en serio, Ricardo. Creo que es hora de vernos — dijo Tiago, con un tono de voz más cálido de lo que Ricardo esperaba.

Se conocieron en un café sencillo, lejos de las distracciones de sus ajetreadas vidas.

Tiago, ahora de 53 años, mantuvo su carácter despreocupado, pero los años de desafíos financieros y emocionales eran visibles en su rostro. Ricardo sabía que, a pesar de las diferencias, su hermano siempre había seguido su propio camino con la misma determinación que él, solo que de una manera diferente.

— Sabes, Ricardo, siempre he admirado lo que hiciste con tu vida. Aunque nunca lo haya dicho antes — comenzó Tiago tomando su taza de café. — Seguí un camino diferente, pero nunca dejé de reconocer lo duro que trabajaste para crear la vida que tienes. Es sólo que... somos diferentes. Y creo que, durante mucho tiempo, eso nos separó.

Ricardo, sorprendido por la sinceridad de Tiago, sintió que le quitaban un peso de encima.

— Yo también debería haber dicho más cosas, Tiago. Siempre traté de empujarte a mi mundo, porque pensé que era la única manera correcta. Pero hoy me doy cuenta que hay muchas maneras de vivir, y tú siempre has sido fiel a la tuya. Lo respeto.

La conversación entre ambos fue honesta, llena de confesiones guardadas durante años. Ambos reconocieron que, a pesar de seguir caminos diferentes, su vínculo fraternal era más fuerte que cualquier diferencia.

El reencuentro trajo una nueva luminosidad a la vida de Ricardo, quien se prometió dedicar más tiempo a la relación con su hermano, algo que había dejado de lado durante mucho tiempo.

Capítulo 44: El despertar de nuevas pasiones

Ahora con más tiempo para sí mismo y con la fundación administrada por un equipo fuerte y competente, Ricardo comenzó a explorar nuevas pasiones que había dejado dormidas durante mucho tiempo. Durante su juventud, siempre le había fascinado la música, especialmente tocar la guitarra, pero a medida que la vida lo empujó hacia el trabajo y la construcción de su carrera, este interés pasó a un segundo plano.

Un día, mientras organizaba el desván, encontró la vieja guitarra que se había comprado con su primer sueldo. El instrumento estaba desgastado, pero al cogerlo sintió una oleada de nostalgia invadir su cuerpo. Decidió que era hora de volver a jugar, no como una obligación o un pasatiempo competitivo, sino como una forma de expresar su alma y liberar las emociones que habían estado enterradas a lo largo de los años.

Durante las siguientes semanas, Ricardo empezó a reservar tiempo todos los días para jugar. Se sentó en el jardín, el suave sonido de las cuerdas resonaba en el aire libre, mientras se perdía en la música.

Era un nuevo tipo de meditación, algo que le aportaba paz y claridad mental. Mariana, encantada de verlo redescubrir esta pasión, muchas veces permanecía a su lado y lo escuchaba, absorbiendo la serenidad que la música traía a la casa.

La música se ha convertido en más que un pasatiempo. Era una forma de reconectarse con partes de sí mismo que habían quedado atrás. Se sintió rejuvenecido, como si estuviera redescubriendo quién era antes de convertirse en mentor, padre, líder de la fundación.

Un día, mientras jugaba en un parque cercano a su casa, un grupo de niños se le acercó, curiosos por la melodía que estaba tocando. Ricardo sonrió y sin pensarlo mucho empezó a tocar una canción más animada, cautivando a los niños con su alegre sonido. Fue en ese momento que se le ocurrió una idea: ¿por qué no utilizar la música como una nueva forma de enseñar e inspirar?

En las semanas siguientes, Ricardo comenzó a organizar pequeñas sesiones de música para niños en escuelas apoyadas por la fundación. A través de la música, enseñó no sólo sobre finanzas, sino también sobre la importancia de seguir tus pasiones, cultivar pasatiempos y encontrar el equilibrio en la vida. El éxito de estas sesiones le brindó una nueva forma de conectarse con los jóvenes, algo que nunca había imaginado cuando inició su viaje financiero.

Capítulo 45: La Cumbre Mundial sobre Educación Financiera

Por fin ha llegado el momento que Ricardo y Carlos llevaban años planeando: la primera Cumbre Mundial sobre Educación Financiera. El evento, que reunió a líderes de gobiernos, empresas y organizaciones sin fines de lucro, marcó un hito en la historia de la fundación. Fue una plataforma para discutir, debatir e implementar políticas y estrategias que aseguraran que la educación financiera fuera una prioridad global.

Ricardo, aunque ahora más alejado del papel de líder activo, fue invitado a abrir la cumbre con un discurso. Estaba nerviosa, algo que no había sentido en mucho tiempo. Pero sabía que este era un momento crucial, no sólo para la fundación, sino para el futuro de la educación financiera en el mundo.

Cuando subió al escenario, el público aplaudió calurosamente. Miró la multitud de rostros (algunos familiares, otros no) y empezó a hablar.

— Cuando comencé este viaje hace muchos años, lo único que quería era garantizar la seguridad financiera de mi familia. Nunca imaginé que esta búsqueda personal se convertiría en un movimiento global —comenzó Ricardo con voz firme pero emotiva.

— Hoy estamos aquí porque creemos que el conocimiento financiero es un derecho fundamental, no un privilegio. Creo de todo corazón que juntos podemos crear un mundo donde cada persona, independientemente de sus antecedentes o circunstancias, tenga las herramientas para vivir con dignidad y seguridad.

El discurso de Ricardo fue recibido con una gran ovación. Sabía que, sin importar lo que le deparara el futuro, él había hecho su parte para construir un mundo mejor.

Capítulo 46: El ciclo de la vida

Los años siguieron pasando y Ricardo, hoy con 65 años, vivía una vida más tranquila, pero llena de propósitos. La fundación siguió prosperando, sus hijos seguían con éxito sus propios caminos y él y Mariana compartían un amor y una complicidad que habían madurado a lo largo de décadas.

Una mañana de primavera, mientras caminaba por el jardín de su casa, Ricardo se detuvo un momento para reflexionar sobre el camino que había recorrido. La vida, con todos sus giros y desafíos inesperados, había sido amable con él. Sentí serenidad al saber que había tenido un impacto real en el mundo, pero más importante aún, que había vivido una vida plena, llena de significado.

Mariana se reunió con él en el jardín, tomándolo de la mano. Juntos observaron a los pájaros volar por el cielo azul.

- ¿Estás feliz? — preguntó con una sonrisa.

Ricardo la miró sintiéndose completo.

— Más de lo que jamás creí posible.

Capítulo 47: El último capítulo de la vida

A los 70 años, Ricardo vivía una vida de serenidad. Las preocupaciones que una vez dominaron sus pensamientos se habían disipado, reemplazadas por una paz interior que sólo la experiencia y el tiempo podían proporcionarle. La fundación "Caminho para a Liberdade" continuó floreciendo bajo el liderazgo de Carlos y con el apoyo continuo de Alfonso y Beatriz, quienes ahora desempeñaban papeles activos en la organización.

Ricardo y Mariana se mudaron a una casa más pequeña y tranquila en el campo, donde pasaban sus días rodeados de naturaleza. La vida en el campo les permitió estar más cerca de la sencillez, lejos del ruido y las exigencias de una vida ajetreada. Aunque Ricardo todavía mantenía un contacto regular con la fundación y sus proyectos, ahora vivía con un nuevo ritmo: un ritmo lento pero profundamente significativo.

Una tarde, mientras estaba sentado en el porche con Mariana, Ricardo se sintió inmerso en un sentimiento de gratitud. Miró a la mujer con la que había compartido la mayor parte de su vida y sonrió.

— Sabes Mariana, si algo he aprendido de todo esto es que la vida no se trata sólo de grandes momentos o logros.

Se trata de lo que hacemos con los pequeños momentos. Se trata de las decisiones que tomamos todos los días y de cómo esas decisiones moldean quiénes somos.

Mariana, siempre sabia, asintió y respondió:

— Tuvimos una vida plena, Ricardo. Hicimos lo mejor que pudimos y ahora miramos con orgullo a nuestros hijos y lo que construimos juntos. Creo que eso es todo lo que cualquiera puede pedir.

Mirando al horizonte, Ricardo supo que el tiempo restante lo dedicaría a disfrutar de los pequeños placeres: el atardecer, los sonidos de la naturaleza, las visitas de sus hijos y nietos y la simple alegría de estar al lado de Mariana.

Capítulo 48: El legado de generaciones

Alfonso y Beatriz seguían ahora con firmeza su propio camino. Afonso, casado y con dos hijos, siguió trabajando en el mundo de las finanzas, pero con un claro enfoque en ayudar a jóvenes inversores y emprendedores a gestionar el dinero de forma responsable. Él y su esposa, Inês, compartían la visión de crear una vida equilibrada para sus hijos, tal como lo habían hecho Ricardo y Mariana.

Beatriz, por otra parte, se había convertido en una artista respetada, con exposiciones en varias partes del mundo. Pero su pasión por utilizar el arte como medio de transformación social la llevó a crear un programa educativo que se integraba con los proyectos de la fundación. A través del arte, enseñó a jóvenes de comunidades desfavorecidas a expresarse, a soñar y a creer en un futuro mejor.

En una tarde especial, Alfonso y Beatriz decidieron organizar una celebración en honor a Ricardo y Mariana. Reunieron a sus familiares y amigos más cercanos en una gran finca, donde las generaciones más jóvenes y mayores se reunieron para celebrar no solo la vida de Ricardo, sino el impacto que había dejado en sus vidas.

Durante la cena, Alfonso se levantó para brindar.

— Padre, siempre has sido un ejemplo para nosotros. No sólo por lo que construiste en términos materiales, sino por la forma en que viviste tu vida. Nos mostraste que el verdadero valor está en las personas, en los momentos y no sólo en el dinero. La fundación es un reflejo de tu legado, pero tu mayor legado está aquí, en nuestra familia.

Las palabras de Alfonso conmovieron profundamente a Ricardo. Sabía que el mayor éxito que había logrado no estaba en las cifras de la fundación, sino en las relaciones que había construido a lo largo de los años y en la forma en que había ayudado a otros a descubrir su propia libertad y felicidad.

Capítulo 49: El paso del tiempo

Con el paso del tiempo, Ricardo comenzó a prepararse para el inevitable ciclo de la vida. Sabía que había vivido plenamente y que su misión estaba completa. Las noches en el campo, con Mariana a su lado, se convirtieron en momentos de profunda reflexión y aceptación. Las visitas de sus hijos y nietos llenaron la casa de vida y energía, pero Ricardo sabía que se acercaba al final de su viaje.

Una mañana, mientras caminaba por el bosque cercano a su casa, Ricardo sintió una profunda calma. El sol brillaba suavemente entre los árboles y los sonidos de la naturaleza parecían armonizar con la propia respiración. Se sintió en paz. Sabía que cuando llegara su momento, estaría listo.

Al regresar a casa, encontró a Mariana sentada en el jardín, leyendo uno de sus libros favoritos. Se sentó a su lado y le tomó la mano, disfrutando del simple toque.

— Sabes Mariana, estoy lista para lo que venga después. Siento que hice lo que tenía que hacer y que nuestro legado está seguro en manos de quienes más importan — dijo serenamente.

Mariana lo miró entendiendo lo que decía.

—Yo también, Ricardo. Tuvimos una vida increíble. Y ahora podemos descansar sabiendo que hicimos nuestra parte.

El silencio que siguió se llenó de paz. Ambos sabían que el tiempo que habían compartido había sido gratificante y que las semillas que habían plantado, tanto en la fundación como en su familia, seguirían creciendo mucho después de su partida.

Capítulo 50: El ciclo completo

A sus 75 años, Ricardo falleció plácidamente mientras dormía. Su partida fue pacífica, rodeada de amor, con Mariana a su lado. La noticia de su muerte se difundió rápidamente y la fundación "Caminho para a Liberdade" organizó una ceremonia en su honor, donde amigos, familiares y colegas celebraron su vida y legado.

Alfonso y Beatriz, ahora adultos plenamente realizados, asumieron el liderazgo de la fundación, asegurando que el trabajo de Ricardo continuara. La cumbre mundial sobre educación financiera se ha convertido en un evento anual, con nuevos líderes y voces inspiradas en el ejemplo de Ricardo para continuar su misión de llevar la educación financiera a todos los rincones del mundo.

Su casa de campo, donde pasó los últimos años de su vida con Mariana, se transformó en un retiro para líderes sociales y jóvenes emprendedores, donde la filosofía de Ricardo –de vivir con propósito, de servir a los demás y construir una vida con equilibrio– seguiría vigente. inspirar a las generaciones futuras.

Epílogo: El verdadero legado

El legado de Ricardo no fue sólo material. No fueron sólo los programas de la fundación o las conferencias globales los que continuaron impactando al mundo. El verdadero legado de Ricardo estuvo en las lecciones que enseñó: que la verdadera libertad no es financiera, sino emocional, espiritual y relacional. Está en la forma en que vivimos la vida con integridad, en el equilibrio entre ambición y paz y en la importancia de compartir nuestro conocimiento con los demás.

Su historia se convirtió en un ejemplo de cómo uno puede transformar la propia vida y la de los demás, no mediante la acumulación de riqueza, sino mediante la sabiduría, la generosidad y el amor.

Y así, la historia de Ricardo Mendes, el hombre que comenzó solo queriendo garantizar la seguridad de su familia, terminó con un impacto que resonó en todo el mundo, demostrando que, cuando vivimos con un propósito, nuestro legado nunca muere.

Fin

www.ingramcontent.com/pod-product-compliance
Lightning Source LLC
Chambersburg PA
CBHW052302220526
45471CB00001B/462